孔子学院总部/国家汉办
Confucius Institute Headquarters(Hanban)

U1006893

# 标准汉语会话360句

# 360 Standard Sentences in Chinese Conversations

毛 悦 主编
张媛媛 王 艳 王 轩 编著

## 2

北京语言大学出版社
BEIJING LANGUAGE AND CULTURE UNIVERSITY PRESS

图书在版编目（CIP）数据

标准汉语会话360句. 2 / 毛悦主编 ；张媛媛，王艳，王轩编著. — 北京 ：北京语言大学出版社，2018.6（2025.7 重印）
ISBN 978-7-5619-5213-9

Ⅰ. ①标… Ⅱ. ①毛… ②张… ③王… ④王… Ⅲ. ①汉语－口语－对外汉语教学－教材 Ⅳ. ①H195.4

中国版本图书馆 CIP 数据核字 (2018) 第 097165 号

# 标准汉语会话360句（2）

BIAOZHUN HANYU HUIHUA 360 JU (2)

责任印制：邝　天
插图绘制：怡彩艺术设计有限责任公司
排版制作：李　越

出版发行：北京语言大学出版社
社　　址：北京市海淀区学院路 15 号，100083
网　　址：www.blcup.com
电子信箱：service@blcup.com
电　　话：编辑部　8610-82303647/3592/3395
国内发行　8610-82303650/3591/3648
海外发行　8610-82303365/3080/3668
北语书店　8610-82303653
网购咨询　8610-82303908
印　　刷：河北赛文印刷有限公司

版　　次：2018 年 6 月第 1 版　　印　　次：2025 年 7 月第 7 次印刷
开　　本：787 毫米 × 1092 毫米　1/16　　印　　张：11.25
字　　数：192 千字
定　　价：45.00 元

PRINTED IN CHINA

汉语口语教学的主要任务就是训练学生运用汉语进行口头交际的能力，即专门训练“说话”的技能。通过口语教学要让学生掌握汉语的语音、词汇、语法规则及表达的先后顺序、层次结构，重点是知道如何在生活中运用这些语言形式进行有效的交际。

我们希望编写一套适用于初级阶段，内容简单、典型、贴近生活，教师使用方便，学习者掌握容易的教材。希望这套教材能够融合多种教学法的优势，引导教师采用符合口语教学特点的方法轻松地进行教学。

《标准汉语会话360句》一共4册，每册8课（每4课后设置一个阶段复习），每课4课时左右完成，适用于4~16周短期班口语课教学。4册共收入360个日常表达所使用的高频标准句，内容从零起点开始，涵盖30多个话题、60多种功能、90多个语言点、1000多个常用词。每课分标准句、会话、词语扩展、语言点、替换表达、课堂活动、语音、文化等几个部分，旨在短时间内有效提高学习者的口语表达能力。

为了更好地体现口语教学的特点，本教材吸收和借鉴了多种教学法的思路，丰富了教材体例和练习形式，突出了口语教材内容丰富、形式活泼的特点。如利用情景视频展示会话内容，使学生直观感受会话发生情境及语句使用语气，提高学生学习兴趣；采用图解生词法令生词解释更直观，易于学生关联、记忆；吸纳任务教学法，在每课中引入任务活动，用贴近真实生活的任务来提升课堂教学的互动性和交际性；保留听说法中的替换练习等传统句型操练方法，使学生牢固掌握语言结构，为后续交际活动做好铺垫准备。

本教材的突出特色：

1. **语句真实自然**。选取自然语境下高频使用的典型标准汉语口语，避免教授人为编制的课堂汉语，让学习者能够学以致用。

2. **会话短小实用**。会话内容源于真实交际情境，贴近生活，编排自然，聚焦当前话题的核心表达功能，减轻学习者的学习压力。

3. **词汇聚合扩展**。采用主题词汇聚合学习的方式，配合插图扩展相关词汇，以生动的形式解决词汇难题，让学习者迅速增加基础词汇量，满足交际需求。

4. **语言点随学随练**。语言点的选取符合二语习得规律，注释说明采用公式化方式，给出易于记忆的格式和典型例句，随后配以练习，符合教学流程，易学易用。

5. **练习新颖有趣**。既有传统练习又有活动式练习，形式活泼丰富，内容由易到难，机械性操练和灵活运用自然过渡，有效提高学习兴趣和效率。

6. **语音贯穿始终**。从拼音规则入手，到重点音对比、声调搭配、重音、停顿、语气语调等，循序渐进，系统铺垫，以练代讲，全面打好发音基础。

7. **增加文化认同**。每课介绍一个日常交际文化点，帮助学习者初步了解中国文化和中国人的思维方式，增强其对中国文化的亲切感和认同感。

8. **融合媒体技术**。会话课文采用高清情景视频形式呈现，标准句、会话、生词及语音部分均提供录音文件（扫描封底二维码或登录www.blcup.com获取）。

The main task of oral Chinese teaching is to cultivate students' skills of oral communication in Chinese, which is to specially improve their "speaking" skills. Through the oral language teaching, students will master the Chinese pronunciation, vocabulary, grammar rules and the order and structure of expressions, with the focus on knowing how to use these language forms for effective communication in life.

We hope to edit a simple and typical textbook which is close to life and suitable for students in the initial stage of learning. Teachers will find it convenient to use and students will find it easy to master. By integrating the advantages of a variety of teaching methods, we hope that it can guide teachers to teach in a relaxed way based on the characteristics of oral language teaching.

*360 Standard Sentences in Chinese Conversations*, with a total of four volumes, each of which has eight lessons (including two stage reviews after every four lessons), is suitable for short-term oral teaching of 4 to 16 weeks. The four books include 360 standard sentences of high frequency in daily expressions, and covers over 30 topics, 60 functions, 90 grammatical points, and 1,000 commonly used words starting from ground zero. Each lesson is made up of standard sentences, conversations, vocabulary development, grammar, alternative expressions, class activities, phonetics, and culture, aimed at effectively improving students' oral expression skills in a short time.

In order to better reflect the characteristics of oral language teaching, the textbook, by absorbing and learning the ideas of various teaching methods, not only enriches textbook styles and practice forms, but also highlights the rich content and lively form of oral language teaching materials. For example, situational videos are used to display the conversations so that students know the situation and tone of each conversation intuitively and have greater interest in learning; the use of illustrations to explain the words gives students an intuitive feeling and they will make associations and memorize them more easily; the method of task-oriented teaching is also adopted, meaning that each lesson has a task which is close to real life so as to improve the interaction and communication in class; traditional sentence pattern practice such as substitution practice in listening and speaking is retained so that students firmly grasp the language structure and prepare themselves for follow-up communication activities.

**The outstanding features of this textbook:**

**1. The sentences are authentic and natural.** The book selects the standard spoken Chinese of high frequency under natural situations. Artificial Chinese classes only for teaching are avoided so that students can apply their knowledge.

**2. Conversations are short and practical.** The contents of the conversations are close to life, for they come from real communication. With a natural layout, the book focuses on the core expressive functions of the topics so as to reduce the students' pressure.

**3. Vocabulary is aggregated and expanded.** Words of the same theme are put together, with illustrations to expand vocabulary. Vocabulary problems are solved in a vivid form and students will quickly increase their basic vocabulary to meet the needs of communication.

**4. It enables students to learn while practicing grammatical points.** The choice of grammatical points is in line with the law of second language acquisition and the notes use the formulaic way to offer formats as well as typical example sentences which are easy to remember. Practice is also provided, which conforms to the teaching process, and is easy to learn and use.

**5. It is composed of new and interesting practice.** With both traditional exercises and task-based missions, it is lively and rich in form. It also starts from the easier to the more advanced, and realizes the smooth transition from mechanical practice to flexible use, thus effectively improving learning interest and efficiency.

**6. Pronunciation runs through the book.** From the phonetic rules to the contrast of important sounds, tone matching, stress, pause, and intonation, it paves the way systematically and step by step, and replaces teaching with practice, which helps students lay a comprehensive basis for pronunciation.

**7. It enhances cultural identity.** Each lesson introduces a cultural element of daily communication to help students understand the Chinese culture and the Chinese people's way of thinking, as well as enhance their affinity with and acceptance of Chinese culture.

**8. It integrates media technology.** The text is presented in the form of high-definition videos, and all the standard sentences, conversations, vocabulary and pronunciation exercises are provided with audio files (scan the QR code or visit www.blcup.com to get them).

《标准汉语会话360句》每课分标准句、会话、词语扩展、语言点、替换表达、课堂活动、语音、文化等几个部分。以下是本教程的一些使用建议。

Each lesson of *360 Standard Sentences in Chinese Conversations* is made up of standard sentences, conversations, vocabulary development, grammar, alternative expressions, class activities, phonetics, and culture. Here are some suggestions on the use of the textbook.

## 标准句 Standard sentences

每课从会话课文中提炼出10个左右高频标准句。

Each lesson has about ten standard sentences of high frequency chosen from the conversations.

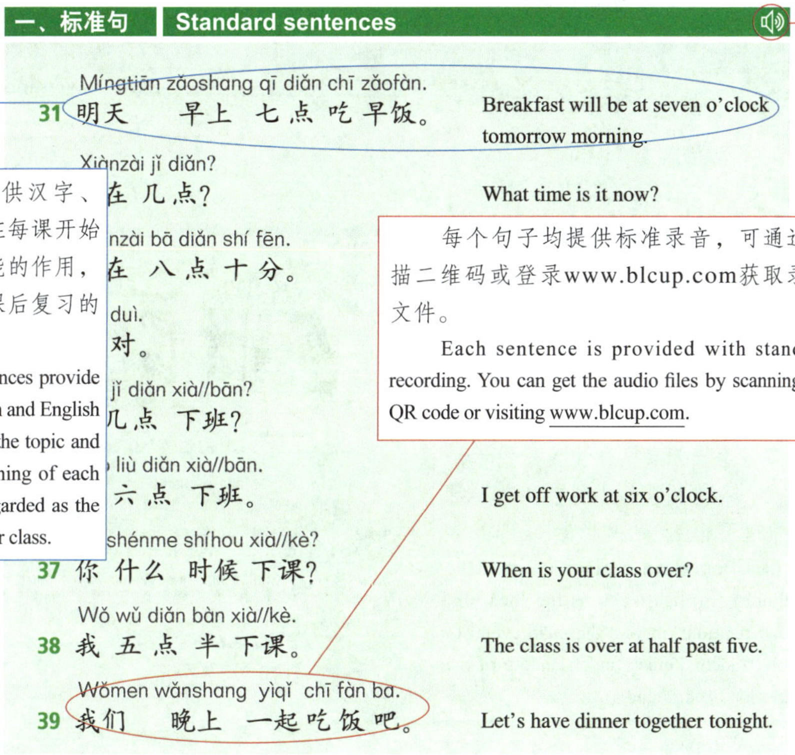


标准句部分提供汉字、拼音和英文注释，在每课开始起到提示话题及功能的作用，同时也可作为学生课后复习的要点。

The standard sentences provide Chinese characters, pinyin and English annotations to introduce the topic and its function at the beginning of each lesson. It can also be regarded as the key points for review after class.

每个句子均提供标准录音，可通过扫描二维码或登录www.blcup.com获取录音文件。

Each sentence is provided with standard recording. You can get the audio files by scanning the QR code or visiting www.blcup.com.

**教学建议 Teaching advice:**

标准句要求学生熟读熟记，并掌握用法。教学时可以采用领读、齐读、听写、翻译、替换等多种方式进行操练。

Students are required to read and remember the standard sentences fluently and master their usage. Leading in reading, reading together, dictation, translation, substitution and other ways can be adopted for practice in teaching.

## 会话 Conversations

每课提供两段简单会话（第1册第1、2课每课4段单回合对话）。

Each lesson provides two simple conversations (There are four conversations in Lesson 1 and Lesson 2 in Volume 1).

二、会话 Conversations

1 Matthew came to China with a tour group for the first time. In the hotel, the tour guide tells the group the time arrangement tomorrow.

dǎoyóu: Míngtiān zǎoshang qī diǎn chī zǎofàn.
导游：明天 早上 七点 吃 早饭。
(tour guide)

yóukè 1: Xiànzài jǐ diǎn?
游客1：现在 几 点？
(tourist)

yóukè 2: Xiànzài bā diǎn shí fēn.
游客2：现在 八 点 十 分。

Mǎxiū: Bú duì. Xiànzài shíyī diǎn shí fēn.
马修：不对。现在十一 点 十 分。

yóukè 3: Xiànzài jiǔ diǎn shí fēn.
游客3：现在 九 点 十 分。

yóukè 1: Qǐngwèn, xiànzài jǐ diǎn?
游客1：请问， 现在几 点？

dǎoyóu: Xiànzài Běijīng shíjiān jiǔ diǎn shí fēn.

每段会话均拍摄高清真人情景视频，再现真实交际场景，可在各种电子设备上播放。

Each conversation is equipped with a high-definition video that shows the real communication scene. Users can play it on various electronic equipments.

对话提供录音文件。

Each conversation is provided with audio files.

2 At home, Xueli and her roommate Zhang Yingying are discussing having dinner together tonight.

Xuělì: Yíngying, nǐ jǐ diǎn xià//bān?
雪丽：迎迎， 你几点 下班？

Zhāng Yíngying: Wǒ liù diǎn xià//bān. Nǐ shénme shíhou xià//kè?
张迎迎：我 六 点 下班。你 什么 时候 下课？

Xuělì: Wǒ wǔ diǎn bàn xià//kè. Wǒmen wǎnshang yìqǐ chī fàn ba.
雪丽：我 五 点 半 下课。我们 晚上 一起吃 饭 吧。

Zhāng Yíngying: Hǎo a! Xiànzài jǐ diǎn?
张迎迎：好 啊！现在几 点？

Xuělì: Xiànzài chà yí kè jiǔ diǎn.
雪丽：现在 差一刻九 点。

Zhāng Yíngying: Āiyā, wǒ jiǔ diǎn shàng//bān. Wǎnshang jiàn.
张迎迎：哎呀，我九点 上班。 晚上 见。

每段会话用英文给出情景提示，如地点、人物关系、主要事件，方便学生快速了解会话的发生背景。

Each conversation gives a hint of the situation in English, such as the location, character relationship, and the main event, to facilitate students' quick understanding of the conversation background.

**教学建议 Teaching advice:**

课堂上可以通过观看视频、跟读、跟说、配音、分角色表演等方式使学生熟练掌握会话内容，之后还可以通过判断对错、提问、复述等方式进一步练习，为学生灵活运用所学、顺利完成交际任务打好基础。

Students can master the conversations by watching videos, repeating, listening and speaking, dubbing, and playing different roles to perform. Further practices include judging right or wrong, questioning, and retelling, to lay a foundation for students to use what they've learned flexibly and to successfully complete the task of communication.

## 词语和注释 Words and notes

每课会话后列出本课生词和1~3个注释。

Each lesson has several new words and 1-3 notes below the conversation.

生词表按照会话1、会话2分为两部分，方便对应查找。

Vocabulary is divided into two parts in accordance with conversation 1 and conversation 2 for convenient search.

生词提供录音文件。

Each new word is provided with audio files.

生词表中尽量提供该词的常用搭配，帮助学生了解词语基本用法，所搭配词语均为学生已学词语，不增加额外负担。

Common collocations are provided as many as possible in vocabulary to help students understand the basic usage of the word. Words in the collocations are all that students have learned and no further burden is added.

### 词语 Words

会话1 Conversation 1

| | | | | | |
|---|---|---|---|---|---|
| 1 | 明天 | míngtiān | n. | tomorrow | 明天几号 明天星期日 |
| 2 | 早上 | zǎoshang | n. | morning | 早上好 今天早上 |
| 3 | 点 | diǎn | m. | o'clock, hour | 八点 几点 |
| 4 | 吃 | chī | v. | to eat | 吃什么 不吃 |
| 5 | 早饭 | zǎofàn | n. | breakfast | 吃早饭 几点吃早饭 |
| 6 | 现在 | xiànzài | n. | now | 现在几点 现在上课 |
| 7 | 分 | fēn | m. | minute | 两点十分 |
| 8 | 对 | duì | adj. | right | 对吗 不对 |
| 9 | 请问 | qǐngwèn | v. | to excuse me; please | 请问，现在几点？ |
| 10 | 时间 | shíjiān | n. | time | 北京时间 |

会话2 Conversation 2

| | | | | | |
|---|---|---|---|---|---|
| 11 | 下班 | xià//bān | v. | to get off work | 几点下班 五点下班 |
| 12 | 时候 | shíhou | n. | time, moment | 什么时候 |
| 13 | 下课 | xià//kè | v. | to finish class | 几点下课 三点下课 |
| 14 | 半 | bàn | num. | half | 五点半 |
| 15 | 晚上 | wǎnshang | n. | evening, night | 今天晚上 晚上不上课 |
| 16 | 一起 | yìqǐ | adv. | together | 一起上课 |
| 17 | 饭 | fàn | n. | meal | 吃饭 一起吃饭 |
| 18 | 吧 | ba | part. | *modal particle* | 吃饭吧 |
| 19 | 啊 | a | part. | *modal particle* | 好啊 |
| 20 | 差 | chà | v. | to be short of | 差十分七点 |
| 21 | 刻 | kè | m. | quarter | 七点一刻 差一刻九点 |
| 22 | 哎呀 | āiyā | int. | Oh, my! | |
| 23 | 上班 | shàng//bān | v. | to go to work | 几 |
| 24 | 见 | jiàn | v. | to meet | 晚 |

针对会话中出现的口语常用词或用法加以简单注释，为学生理解扫除障碍。此部分并非学习重点，提示学生了解即可。

Simple notes are provided for commonly used words or their usage in conversations to remove obstacles in understanding. Since they are not the focus of learning, it is OK for students to only have a basic understanding.

### 注释 Notes

1. "请问"

"请问"用于请求对方回答问题，是表示尊重、有礼貌的用法。位置在提出问题之前。如"请问，您叫什么名字？"

"请问", a respectful and polite expression, is used to ask someone else to answer the question. It is placed before the question, e.g. "请问，您叫什么名字？(What is your name, please?)"

**教学建议 Teaching advice:**

进行词汇具体教学时根据学时安排既可以两段生词分开教学，也可以按词性归纳整体教学。初级阶段生词常用教学方法有直观法（实物、图片），情景法（肢体动作），分解法（分解词义），搭配法，替换法（同义词/反义词），谐音法，启发法……，教师可根据具体词语选择最适合的方式。

Vocabulary, based on teaching time, can be taught separately by dividing the words into two parts or systematically by categorizing them according to their part of speech. Vocabulary of the initial stage can usually be taught in the following ways: perceptual intuition (objects and pictures), scene (physical action), decomposition (decomposition of meaning), collocation, substitution (synonym / antonym), homophony, and heuristics, etc. Teachers can choose the most appropriate way according to the specific word.

## 词语扩展 Vocabulary development

每课根据主题提供相关词汇集合 1~3 组。

Each lesson has 1-3 groups of relevant words based on its topic.

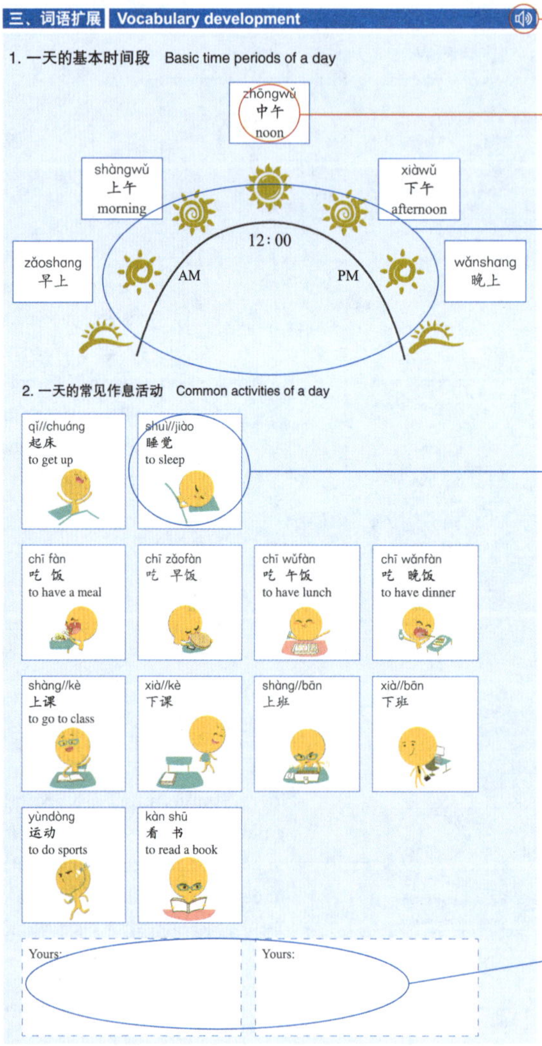


词语提供录音文件。

Each new word is provided with audio files.

图示说明。

Illustration

插图展示。

Illustration

提示学生根据个性需求自主学习，激发学习热情和主动性。

Students should be reminded to study independently according to their individual needs so as to stimulate their learning enthusiasm and initiative.

**教学建议 Teaching advice:**

这部分的生词不要求每个学生完全掌握，学生可根据自己的需求选择性地学习和使用。教学时与本课主体生词区分等级，主要采用图解的方式进行形象记忆，不必过多讲解。

Students do not need to master every word in this section. They can choose to learn and use them according to their own needs. This section should be distinguished from the main vocabulary in this lesson while teaching. Too many explanations should be avoided and memorizing through illustrations should be adopted as the main method.

## 语言点 Grammar

每课根据会话内容聚焦汉语初级阶段基础语言点1~3个。

Each lesson has 1-3 grammatical points in the initial stage of Chinese learning based on the conversations.

**四、语言点 Grammar**

1. 时间的基本表达 Basic expression of time

| | |
|---|---|
| 6:00 | 六点 liù diǎn |
| 7:05 | 七点五分 qī diǎn wǔ fēn<br>七点零五（分）qī diǎn líng wǔ (fēn) |
| 8:10 | 八点十分 bā diǎn shí fēn |
| 9:15 | 九点一刻 jiǔ diǎn yí kè<br>九点十五（分）jiǔ diǎn shíwǔ (fēn) |
| 10:30 | 十点半 shí diǎn bàn<br>十点三十（分）shí diǎn sānshí (fēn) |
| 11:45 | 差一刻十二点 chà yí kè shí'èr diǎn<br>十一点四十五（分）shíyī diǎn sìshíwǔ (fēn)<br>十一点三刻 shíyī diǎn sān kè |
| 12:50 | 差十分一点 chà shí fēn yì diǎn<br>十二点五十（分）shí'èr diǎn wǔshí (fēn) |
| 2:00 | 两点 liǎng diǎn |

语言点说明尽量采用便于理解和记忆的表格、公式等形式，方便初学者举一反三。

This section mainly adopts forms, formulas, and other ways that are easy to understand and memorize. Novice learners can draw inferences.

练习 Practice

- 根据图片问答时间。
  Ask and answer questions about time according to the pictures.

如：A：现在几点？Xiànzài jǐ diǎn?
　　B：现在两点三十六。Xiànzài liǎng diǎn sānshíliù.

边学边练，形式丰富。

Learning while practicing. Rich forms.

练习 Practice

- 为下面的事情选择合适的时间并说出句子。
  Choose the appropriate time for the following actions and say the sentences.

起床 qǐ//chuáng　吃早饭 chī zǎofàn　上课 shàng//kè　吃午饭 chī wǔfàn

2. 时间词的顺序 Order of temporal words

两个时间词同时出现时，时间范围大的词在前面。如：

When two temporal words appear at the same time, the word with a larger time range is followed by the word with a smaller one. For example:

早上 6:00　中午 12:30　晚上 9:45

练习 Practice

- 根据所给信息问答时间。
  Ask and answer questions about time according to the provided information.

| | | | |
|---|---|---|---|
| 7:10 AM | 10:25 AM | 12:10 AM | 1:00 AM |
| 3:40 PM | 5:00 PM | 8:30 PM | 11:45 PM |

如：A：现在几点？Xiànzài jǐ diǎn?
　　B：现在早上七点十分。Xiànzài zǎoshang qī diǎn shí fēn.

3. 时间词的位置 Place of temporal words

时间词可以做状语，通常放在主语之后、谓语之前。基本格式为：主语＋时间＋谓语。如：

A temporal word can be used as the adverbial modifier between the subject and the predicate. The basic form is: subject ＋ time ＋ predicate. For example:

（1）我7:00起床。Wǒ qī diǎn qǐ//chuáng.
（2）她们晚上6:30一起吃饭。Tāmen wǎnshang liù diǎn bàn yìqǐ chī fàn.

提问的时候将时间状语替换为"几点"或"什么时候"。基本格式为：主语＋几点/什么时候＋谓语？如：

The temporal adverbial should be changed into "几点 (what time)" or "什么时候 (when)" when asking a question. The basic form is: subject＋几点/什么时候＋predicate? For example:

（1）你几点上班？Nǐ jǐ diǎn shàng//bān?
（2）大卫什么时候下课？Dàwèi shénme shíhou xià//kè?

### 教学建议 Teaching advice:

语言知识并不是口语教学的核心，因此口语教学中可弱化语法的概念。教学时尽量通过情景、图片、联系实际提问等方式进行导入，引导学生发现语言规律，并通过大量练习及时巩固，达到熟练运用的目标。

Grammar is not the core of oral language teaching, so it should be weakened. In teaching, scenes, pictures, and questions related to reality can be used for introduction to guide students to find the rules. A large number of exercises can be used to consolidate their knowledge in time and help them achieve the goal of skilled use.

## 替换表达 Alternative expressions

每课针对1~3个重点句型进行替换操练。

Each lesson has 1-3 alternative expression practices focusing on key sentence patterns.

**五、替换表达 Alternative expressions**

Xiànzài jǐ diǎn? Xiànzài bā diǎn shí fēn.

1. A：现在 几 点？ B：现在 八 点 十 分。

7:00

2:34

12:15

1:55

Nǐ jǐ diǎn xià//bān? Wǒ liù diǎn xià//bān.

2. A：你几 点 下班？ B：我 六 点 下班。

| | |
|---|---|
| qǐ//chuáng 起床 | 7:15 |
| shàng//kè 上课 | 8:00 |
| chī wǔfàn 吃午饭 | 12:30 |
| shuì//jiào 睡觉 | 23:00 |

Wǒmen wǎnshang yìqǐ chī fàn ba. Hǎo a! Wǎnshang jiàn.

3. A：我们 晚上 一起吃 饭 吧。 B：好 啊！ 晚上 见。

zhōngwǔ 中午

míngtiān 明天

xīngqī sān 星期 三

xīngqītiān wǎnshang 星期天 晚上

选取本课对话核心句型设计替换内容，便于学生牢固掌握语言结构。

The alternative expressions are designed based on the core sentence patterns in the lesson, which will help students firmly grasp the language structure.

**教学建议 Teaching advice:**

这部分的句子是本课的重点，要求学生熟练运用。除了最基础的分角色朗读以外，有的句型可以用图片展示替换信息，让学生看图表达，还可以让学生把画线词语换成其他自主学习的实用词语。

Sentences in this section, as key points in the lesson, should be mastered by students. In addition to the most basic way of role-playing and reading, some sentences can be shown through pictures instead of texts and students can talk about the pictures. Teachers can also ask the students to replace the underlined words with other practical words they've learned by themselves.

## 课堂活动 Class activities

每课设计若干适合课堂操作的趣味活动。

Several interesting activities that are suitable for class are provided in each lesson.

**六、课堂活动 Class activities**

**（一）小组活动 Group activities**

1. 几人一组，一名同学随意说出一个时间，其他同学依次为前一个时间加上5分钟，说出新的时间，遇到可以用多种方式表达的时间时要求至少说出两种。

   Work in groups. A student says a specific time randomly and other students say in turn a new one which is five minutes later than the former time. If there are many ways to express the time, say at least two of them.

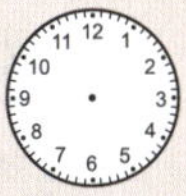


+ 5 minutes =

2. 两人一组，根据实际情况问答，看看星期一和星期六各自的时……什么不同。

   Work in pairs. Ask and answer questions according to reality, ……difference between each other's time arrangements for Monday and……

| 星期一 | | 星期六 | |
|---|---|---|---|
| 7:00 | 起床 qǐ//chuáng | 10:30 | 起床 qǐ//chuá… |
| | | | …午饭 chī w… |
| | | | …晚饭 chī w… |
| | | | …觉 shuì//jià… |

根据各课内容设计符合口语教学特点的各式活动和游戏，如接龙游戏、信息差任务、推理任务、模拟表演、看图说话、调查采访等。练习题目由简单到复杂，从单一内容到综合表达。

Various activities and games are designed according to the content of each lesson and the characteristics of oral language teaching, including Solitaire, information gap task, reasoning task, simulation performance, talking about pictures, interview and so on. The practices start from the easier to the more advanced, from single-item content to comprehensive expression.

**（二）看图说话 Talk about the pictures**

下面是两个作息时间不同的人，根据图片说说他们一天的时间安排。你更喜欢谁的生活方式？

The following two persons have different timetables. Talk about their time arrangements in a day according to the pictures. Whose way of life do you prefer?

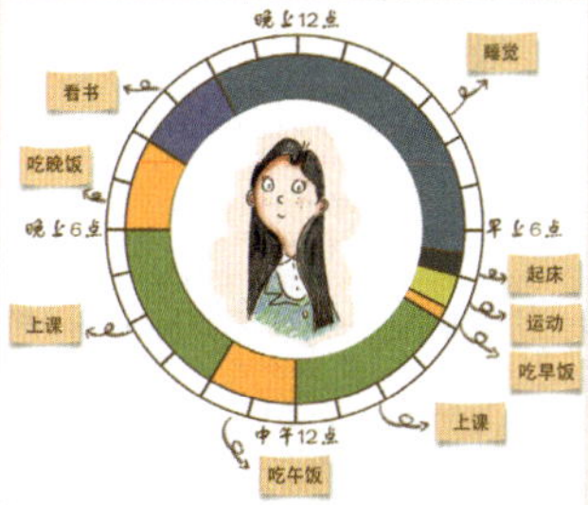


**（三）任务活动 Mission**

在班里找到和你作息时间最像的同学，然后两人约时间一起做一件事情。

Find the student whose timetable resembles yours the most in the class and make an appointment to do something together.

| | |
|---|---|
| 日期 | |
| 时间 | |
| 做什么 | |

**教学建议 Teaching advice:**

可根据活动内容将全班分为若干小组，通过小组成员之间的协作、配合完成任务，同时适当引入竞争机制，激发学生的参与积极性。活动中教师需注意把握节奏，并将活动聚焦在语言表达上。

The whole class can be divided into several groups according to the activities. The tasks should be completed through the collaboration among group members, and the appropriate introduction of competition mechanism will also stimulate students to participate in the activities. Teachers need to pay attention to the pace, and focus the activities on language expression.

## 语音 Phonetics

第1册前4课集中学习语音知识（包括声母、韵母、音节拼合、声调、拼音规则等），之后对声调搭配、重音、停顿、语气语调、重难点音等持续进行语音训练。

The first four lessons in Volume 1 focus on knowledge of phonetics (including initials, finals, syllables, tones, and phonetic rules), followed by continuous pronunciation training such as tone matching, stress, pause, intonation, and important and difficult pronunciations.

**七、语音 Phonetics**

1. 朗读下列词语，注意一声和其他声调的搭配。
Read aloud the following words and pay attention to the combination of the first tone and other tones.

| | | | | | | |
|---|---|---|---|---|---|---|
| ¯ + ¯ | kāfēi（咖啡） | fēijī（飞机） | fāyīn（发音） | jīntiān（今天） | cānjiā（参加） | fēnzhōng（分钟） |
| ¯ + ˊ | fēicháng（非常） | jīnnián（今年） | huānyíng（欢迎） | dāngrán（当然） | gōngyuán（公园） | shēngcí（生词） |
| ¯ + ˇ | zhōngwǔ（中午） | jīchǎng（机场） | jīnglǐ（经理） | kāishǐ（开始） | Yīngyǔ（英语） | xīnkǔ（辛苦） |
| ¯ + ˋ | gōngzuò（工作） | gāoxìng（高兴） | chāoshì（超市） | shēngrì（生日） | yīyuàn（医院） | gānjìng（干净） |
| ¯ + 。 | māma（妈妈） | tāmen（他们） | dōngxi（东西） | yīfu（衣服） | cōngming（聪明） | xiūxi（休息） |

说明：表中最后一行的“。”代表轻声。
Note: “。” in the last line represents the neutral tone.

2. 朗读下面的句子，注意带“j，q，x”的音节。
Read aloud the following sentences and pay attention to the syllables with “j”, “q” and “x”.

Nǐ jǐ diǎn xià//bān?
（1）你几点下班？

Jiějie wǎnshang qī diǎn chī fàn.
（2）姐姐晚上七点吃饭。

Wǒmen jīntiān sān diǎn jiàn ba.
（3）我们今天三点见吧。

语音练习提供录音文件。

Pronunciation exercises are provided with audio files.

语音练习材料注意音义结合，选词均为日常汉语常用词，通过提前铺垫增加学生熟悉度，同时也提高语音学习的实用性。

Pronunciation practice materials pay attention to the combination of sound and meaning. The selected words are commonly used in everyday Chinese. Early-stage preparations improve students' familiarity with the words and the practicality of pronunciation learning.

所选内容复现本课重点词语、句型结构，从中提炼汉语难点音，突出强化训练。

Key words and sentence structures reappear in the selected content. Difficult Chinese pronunciations are also chosen for intensive training.

**教学建议 Teaching advice:**

听、读结合，利用录音帮助学生建立标准的发音模型，形成好的语音面貌。语音材料中灰度处理的汉字不做学习要求，只起到提前熟悉常用词汇的作用，如学习程度较高的学生有兴趣可提示其课下自学。

The combination of listening and reading, and the use of recording will help students establish a standard pronunciation model and have the right pronunciation. Characters in grey in the materials are not designed to be learned, but to familiarize students with the common words in advance. Those with a strong learning ability and interest can study on their own after class.

## 文化 Culture

每课选取1个与本课话题相关的日常交际文化点。

Each lesson has a cultural element in daily communication which is also related to the topic of the lesson.

### 八、文化 Culture

在正式场合，中国人是很守时的，而且中国人一直都很珍惜时间，自古就有"一寸光阴一寸金"的说法。而在一般日常场合，中国人的时间观念相对模糊一些。比如一次普通聚餐，中国人一般会把约定见面的时间理解为是一个范围，提前或推迟10分钟到都是正常的。

On formal occasions, the Chinese people are very punctual. They always cherish the time, as is exemplified in the ancient saying "An inch of time is worth an inch of gold". On daily occasions, however, the concept of time is relatively vague. For example, the Chinese people will generally regard the agreed time of an ordinary dinner as a time range. It is OK to be 10 minutes early or late.

反映中国人的思维方式、中国人的生活状态等。中英对照，便于理解。

It reflects the Chinese way of thinking, the Chinese people's life and so on. The Chinese-English bilingual form is easy to understand.

**教学建议 Teaching advice:**

如课时有限，文化部分可引导学生利用注释课后自学。

If the teaching time is limited, this part can be learned by students themselves with the help of the note after class.

# 复习 Review

每4课设计一个阶段复习，通过练习巩固所学内容。

Every four lessons are followed by a stage review which provides practices to consolidate the knowledge learned.

**一、看图片，判断图片内容是否与提示词一致。**

Look at the pictures and judge whether they accord with the words.

| | | | |
|---|---|---|---|
| 1 |  | xièxie<br>谢谢 | × |
| 2 |  | duìbuqǐ<br>对不起 | |
| 3 |  | Zhōngguó<br>中国 | |
| 4 |  | yóuxiāng<br>邮箱 | |
| 5 |  | bā yuè<br>八 月 | |
| 6 |  | lǎoshī<br>老师 | |

**二、看问题，选择正确的回答。**

Read the questions and choose the right answers.

| | | | |
|---|---|---|---|
| Nǐ jiào shénme míngzi?<br>1. 你 叫 什么 名字？ | F | Jīntiān shí yuè yī hào.<br>A. 今天 十 月 一 号。 |
| Jīntiān xīngqī jǐ?<br>2. 今天 星期 几？ | | Tā shì Zhōngguórén.<br>B. 他 是 中国人。 |
| Nǐ de diànhuà hàomǎ shì duōshao?<br>3. 你 的 电话 号码 是 多少？ | | Wǒ bú è.<br>C. 我 不饿。 |
| Tā shì nǎ guó rén?<br>4. 他 是 哪 国 人？ | | Jīntiān xīngqīrì.<br>D. 今天 星期日。 |
| Jīntiān jǐ yuè jǐ hào?<br>5. 今天 几 月 几 号？ | | 14762260315.<br>E. 14762260315。 |
| Nǐ è ma?<br>6. 你 饿 吗？ | | Wǒ jiào Lìli.<br>F. 我 叫 丽丽。 |

**三、看句子，选择正确的词语填空。**

Read the sentences and choose the right words to fill in the blanks.

shì A. 是 　yě B. 也 　tài C. 太 　de D. 的 　hào E. 号

Jīntiān máng le.
1. 今天（ C ）忙 了。

Tā Měiguórén.
2. 他（ ）美国人。

Nǐ yóuxiāng shì shénme?
3. 你（ ）邮箱 是 什么？

Míngtiān jǐ
4. 明天 几（ ）？

Zhège hěn piàoliang.
5. 这个（ ）很 漂亮。

前三题模拟新HSK 1、2级考试相关题目进行设计，帮助学生在复习的同时熟悉HSK考试题型。

The first three questions are designed based on relevant questions in new HSK Level 1 and 2 to help students review while learning HSK questions.

四、回答问题。

Answer the questions.

Nǐ xǐhuan chī shénme?
1. 你 喜欢 吃 什么?

Nǐ xǐhuan shuā//kǎ háishi fù xiànjīn?
2. 你 喜欢 刷卡 还是 付 现金?

Nǐ bà-mā shēntǐ zěnmeyàng?
3. 你 爸妈 身体 怎么样?

Nǐ zhù nǎr?
4. 你 住哪儿?

Nǐ xǐhuan xiǎo gǒu ma?
5. 你 喜欢 小 狗 吗?

第四题为回答问题，将前几课的重点核心句融入其中，强化记忆。

The fourth practice is answering questions, which integrates the key sentences of previous lessons to strengthen the memory.

五、两人一组，看图模拟对话。

Work in pairs to make dialogues according to the pictures.

1

2

第五题为看图说话，凸显口语课特点，注重交际能力和成段表达能力的养成。

The fifth practice is talking about the pictures, highlighting the characteristics of the spoken Chinese class, and emphasizing the development of the ability of communication and expression in paragraphs.

**教学建议 Teaching advice:**

根据课时安排，既可作为随堂测验或练习，也可作为作业让学生课下完成。

It can be used as a quiz or practice in class, or homework for students to complete after class according to teaching hours.

# 目　录 Contents

# 1

Qǐngwèn, nín xiǎng hē diǎnr shénme?

# 请问，您想喝点儿什么？

What would you like to drink, please?

- **功能 Functions:**

  询问、征求意见
  To ask for advice

  商量、说明意愿
  To discuss or explain what one wants

- **语言点 Grammar:**

  选择疑问句
  Alternative question

  能愿动词“想”
  Volitive auxiliary “想”

## 一、标准句 Standard sentences

| | | |
|---|---|---|
| 1 | Nǐ xiǎng chī bāozi háishi jiǎozi?<br>你想吃包子还是饺子？ | Would you like to eat steamed stuffed buns or dumplings? |
| 2 | Wǒ dōu bù xiǎng chī.<br>我都不想吃。 | I would like to eat neither of them. |
| 3 | Zánmen chī miàntiáor ba.<br>咱们吃面条儿吧。 | Let's eat noodles. |
| 4 | Wǒ zuìjìn měi tiān dōu chī miàntiáor.<br>我最近每天都吃面条儿。 | I've been eating noodles every day recently. |
| 5 | Nà nǐ xiǎng chī shénme?<br>那你想吃什么？ | What would you like to eat? |
| 6 | Chī bǐsà, zěnmeyàng?<br>吃比萨，怎么样？ | How about pizza? |
| 7 | Hǎo zhǔyi.<br>好主意。 | Good idea. |
| 8 | Jīntiān tèjià.<br>今天特价。 | There are special offers today. |
| 9 | Huānyíng guānglín!<br>欢迎光临！ | Welcome! |
| 10 | Qǐngwèn, nín xiǎng hē diǎnr shénme?<br>请问，您想喝点儿什么？ | What would you like to drink, please? |
| 11 | Wǒ yào yì bēi hóngchá.<br>我要一杯红茶。 | I want a cup of black tea. |
| 12 | Nín shuā//kǎ háishi fù xiànjīn?<br>您刷卡还是付现金？ | Card or cash? |

## 二、会话 Conversations

1

Wang Xiaotian and his girlfriend are talking about what to eat in the food street.

Wáng Xiǎotiān: Nǐ xiǎng chī bāozi háishi jiǎozi?
王小天：你想吃包子还是饺子？

nǚpéngyou: Wǒ dōu bù xiǎng chī. Zánmen chī miàntiáor ba.
女朋友：我都不想吃。咱们吃面条儿吧。

Wáng Xiǎotiān: Wǒ bù xiǎng chī miàntiáor. Wǒ zuìjìn měi tiān dōu chī miàntiáor.
王小天：我不想吃面条儿。我最近每天都吃面条儿。

nǚpéngyou: Nà nǐ xiǎng chī shénme?
女朋友：那你想吃什么？

Wáng Xiǎotiān: Chī bǐsà, zěnmeyàng?
王小天：吃比萨，怎么样？

(The girlfriend sees the ad of pizza)

nǚpéngyou: Hǎo zhǔyi. Jīntiān tèjià.
女朋友：好主意。今天特价。

Wáng Xiǎotiān: Tài hǎo le!
王小天：太好了！

2

An international student is ordering coffee at the counter of a coffee shop.

fúwùyuán: Huānyíng guānglín! Qǐngwèn, nín xiǎng hē diǎnr shénme?
服务员：欢迎光临！请问，您想喝点儿什么？

xuéshēng: Nín hǎo! Wǒ yào yì bēi hóngchá.
学生：您好！我要一杯红茶。

fúwùyuán: Hǎo de. Nín yào dà bēi háishi xiǎo bēi?
服务员：好的。您要大杯还是小杯？

xuéshēng: Dà bēi.
学生：大杯。

fúwùyuán: Jīntiān zhè zhǒng dàngāo tèjià, nín yào yí kuàir ma?
服务员：今天这种蛋糕特价，您要一块儿吗？

xuéshēng: Zhēn piányi, yào yí kuàir.
学生：真便宜，要一块儿。

fúwùyuán: Hǎo de. Nín shuā//kǎ háishi fù xiànjīn?
服务员：好的。您刷卡还是付现金？

xuéshēng: Shuā//kǎ.
学生：刷卡。

## 词语 Words

会话 1 Conversation 1

| | | | | | |
|---|---|---|---|---|---|
| 1 | 想 | xiǎng | aux. | to want to | 想吃 想要 |
| 2 | 包子 | bāozi | n. | steamed stuffed bun | 吃包子 包子很好吃 |
| 3 | 还是 | háishi | conj. | or | 你是中国人还是日本人？ |
| 4 | 饺子 | jiǎozi | n. | dumpling | 吃饺子 |
| 5 | 都 | dōu | adv. | all, both | 都想吃 都不想吃 |
| 6 | 咱们 | zánmen | pron. | we, us | |
| 7 | 面条儿 | miàntiáor | n. | noodles | 吃面条儿 |
| 8 | 最近 | zuìjìn | n. | recently | 最近很忙 |
| 9 | 每 | měi | pron. | every | 每人 每个星期 |
| 10 | 天 | tiān | m. | day | 每天 一天 |
| 11 | 那 | nà | conj./pron. | then; that | |
| 12 | 比萨 | bǐsà | n. | pizza | 吃比萨 |
| 13 | 怎么样 | zěnmeyàng | pron. | how | 最近怎么样？吃比萨怎么样？ |
| 14 | 主意 | zhǔyi | n. | idea | 好主意 他的主意 |
| 15 | 特价 | tèjià | n. | special offer | 今天特价 特价书 |

会话 2 Conversation 2

| | | | | | |
|---|---|---|---|---|---|
| 16 | 光临 | guānglín | v. | to visit | 欢迎光临 |
| 17 | 喝 | hē | v. | to drink | 喝咖啡 喝水 |
| 18 | 点儿 | diǎnr | m. | a little | 吃点儿 喝点儿 |
| 19 | 红茶 | hóngchá | n. | black tea | 一杯红茶 |
| 20 | 茶 | chá | n. | tea | 喝茶 |
| 21 | 大 | dà | adj. | big | 大杯 大房间 |
| 22 | 小 | xiǎo | adj. | small | 小杯 小苹果 |
| 23 | 种 | zhǒng | m. | kind, type | 一种 这种 |
| 24 | 蛋糕 | dàngāo | n. | cake | 一个蛋糕 这种蛋糕 |
| 25 | 真 | zhēn | adv. | really | 真多 真好 |
| 26 | 便宜 | piányi | adj. | cheap | 很便宜 不便宜 |
| 27 | 刷卡 | shuā//kǎ | v. | to swipe a card | |
| 28 | 付 | fù | v. | to pay | 付钱 |
| 29 | 现金 | xiànjīn | n. | cash | 付现金 没有现金 |

## 注释 Notes

### 1. "那"

"那"除了做指示代词指比较远的人或事物外，还有连词的用法，表示根据前面所说的事实或假设，说出下文的结论或判断。多用于口语。如：

Apart from being used as a demonstrative pronoun to refer to a distant person or thing, "那" can also serve as a conjunction to introduce the conclusion or judgment made on the basis of the facts or assumptions mentioned previously. It is often seen in spoken Chinese. For example:

你不想吃包子，也不想吃饺子，那你想吃什么？
Nǐ bù xiǎng chī bāozi, yě bù xiǎng chī jiǎozi, nà nǐ xiǎng chī shénme?

### 2. "怎么样"

"怎么样"在口语中可表示商量、建议，是附加问句的一种形式。如：

"怎么样", as a form of additional question, indicates consultation or suggestion in spoken Chinese. For example:

（1）咱们今天吃面条儿，怎么样？
Zánmen jīntiān chī miàntiáor, zěnmeyàng?

"怎么样"还常用于询问性质、状况等。如：

"怎么样" can also be used to ask about nature, condition, and so on. For example:

（2）那个饭馆儿怎么样？ Nàge fànguǎnr zěnmeyàng?
（3）最近怎么样？ Zuìjìn zěnmeyàng?

### 3. "真"

副词"真"用在形容词或动词之前，有"的确、实在"的意思。表示程度深，带有感叹的语气。如：

The adverb "真" is used before adjectives or verbs to mean "truly" or "indeed". It implies a deep degree with the tone of exclamation. For example:

（1）这个蛋糕真好吃！ Zhège dàngāo zhēn hǎochī!
（2）真对不起！ Zhēn duìbuqǐ!

## 三、词语扩展 Vocabulary development

### 1. 常见美食 Common foods

饺子

面条儿

chǎofàn
炒饭

kǎoyā
烤鸭

huǒguō
火锅

比萨

yìdàlìmiàn
意大利面

hànbǎo
汉堡

sānmíngzhì
三明治

shòusī
寿司

Other foods you like:

### 2. 常见的茶 Common tea types

红茶

lǜchá
绿茶

huāchá
花茶

pǔ'ěrchá
普洱茶

Other types of tea you know:

## 四、语言点 Grammar

### 1. 选择疑问句 Alternative question

选择疑问句是提出两个或两个以上可能的答案供对方选择的句式。这种疑问句用“还是”连接两个供选择的答案，如果有两个以上答案，“还是”用在最后一个答案之前。如：

An alternative question is a question where two or more possible answers are presented for the other party to choose. It uses “还是” to connect two alternative answers. If there are more than two answers, “还是” is used before the last answer. For example:

（1）您刷卡还是付现金？ Nín shuā//kǎ háishi fù xiànjīn?

（2）你喝红茶、绿茶还是花茶？ Nǐ hē hóngchá, lǜchá háishi huāchá?

**练习 Practice**

- 两人一组，互相任选图片进行问答。
  Work in pairs and ask and answer questions about the pictures randomly.

jiǎozi
饺子

bǐsà
比萨

shòusī
寿司

píngguǒ
苹果

dàngāo
蛋糕

chéngzi
橙子

yìdàlìmiàn
意大利面

hànbǎo
汉堡

chá
茶

miàntiáor
面条儿

qiǎokèlì
巧克力

kāfēi
咖啡

如：A：你吃饺子还是面条儿？Nǐ chī jiǎozi háishi miàntiáor?

B：我吃饺子。Wǒ chī jiǎozi.

## 2. 能愿动词“想” Volitive auxiliary “想”

在汉语中，用在动词前边，表示意愿、能力或可能的动词被称为能愿动词或助动词。能愿动词“想”表示希望、意愿、打算，否定式是“不想”。如：

In Chinese, the verb used in front of another verb to express a will, ability, or possibility is called a volitive auxiliary or an auxiliary verb. The volitive auxiliary “想” can express hope, willingness, and intent, and the negative form is “不想”. For example:

（1）我想吃饺子。Wǒ xiǎng chī jiǎozi.

（2）我不想喝茶。Wǒ bù xiǎng hē chá.

**练习 Practice**

- 假设你下午要去超市，用“想”说说你打算买什么。
  Suppose you will go to the supermarket this afternoon. Talk about what you want to buy with “想”.

Shopping List

......................................

......................................

......................................

......................................

......................................

......................................

如：我想买点儿苹果。
Wǒ xiǎng mǎi diǎnr píngguǒ.

## 五、替换表达 Alternative expressions

Nǐ xiǎng chī bāozi háishi jiǎozi?
1. A：你 想 吃 包子 还是 饺子？
Wǒ dōu bù xiǎng chī. Zánmen chī miàntiáor ba.
B：我 都 不 想 吃。咱们 吃 面条儿 吧。

| | | |
|---|---|---|
| chǎofàn<br>炒饭 | miàntiáor<br>面条儿 | jiǎozi<br>饺子 |
| bǐsà<br>比萨 | shòusī<br>寿司 | huǒguō<br>火锅 |
| hànbǎo<br>汉堡 | sānmíngzhì<br>三明治 | yìdàlìmiàn<br>意大利面 |

Nǐ xiǎng chī shénme?
2. A：你 想 吃 什么？
Chī bǐsà, zěnmeyàng?
B：吃 比萨，怎么样？

kǎoyā 烤鸭
huǒguō 火锅
shòusī 寿司
yìdàlìmiàn 意大利面

Qǐngwèn, nín xiǎng hē diǎnr shénme?
3. A：请问，您 想 喝 点儿 什么？
Wǒ yào yì bēi hóngchá.
B：我 要 一 杯 红茶。

kělè 可乐
guǒzhī 果汁
shuǐ 水
kāfēi 咖啡

## 六、课堂活动 Class activities

### （一）小组活动 Group activities

1. 两人一组，根据图片用“还是”询问对方的意见。
   Work in pairs. Ask each other's opinions with “还是” according to the pictures.

如：A：你吃香蕉还是苹果？ Nǐ chī xiāngjiāo háishi píngguǒ?
　　B：我吃香蕉。Wǒ chī xiāngjiāo.

2. 几人一组，每人说一件想做的事和不想做的事，并简单说说原因。
   Work in groups. Talk about one thing you want to do and one thing you do not want to do, and explain the reasons briefly.

| 想做： | 不想做： |
| --- | --- |
| Reasons: | Reasons: |

如：A：我想……，…… Wǒ xiǎng……, ……
　　B：我不想……，…… Wǒ bù xiǎng……, ……

### （二）看图说话 Talk about the pictures

小明和小丽去美食节玩儿，根据图片说说小明和小丽想吃些什么、喝些什么。

Xiaoming and Xiaoli are having fun in the Food Festival. Talk about what they would like to eat and drink according to the pictures.

| | | |
|---|---|---|
| kāfēi 咖啡  | kělè 可乐  | shòusī 寿司  |
| bāozi 包子  | bǐsà 比萨  | guǒzhī 果汁  |

如：小明想……，小丽想……。小明和小丽都想……，小明和小丽都不想……。

Xiǎomíng xiǎng……, Xiǎolì xiǎng……. Xiǎomíng hé Xiǎolì dōu xiǎng……, Xiǎomíng hé Xiǎolì dōu bù xiǎng…….

### （三）任务活动 Mission

模拟点餐。老师事先准备一些常见的吃的、喝的（实物或图片），在班级中模拟一个饮品店、一个快餐店，请两名同学分别担任服务员，其他同学自由点餐。

Simulate ordering food. The teacher prepares in advance some common foods and drinks (real objects or pictures), and simulates a drink shop and a fast food restaurant in the class. Two students serve as the waiters and the other students order food or drinks freely.

## 七、语音 Phonetics

1. 朗读音节和词语，注意b和p的发音。

Read the syllables and words aloud, and pay attention to the pronunciation of "b" and "p".

| | | | |
|---|---|---|---|
| bà pá<br>爸—爬 | bāo pǎo<br>包—跑 | bāng pàng<br>帮—胖 | biān piàn<br>边—片 |
| běipiāo<br>北漂 | bànpiào<br>半票 | bèipàn<br>背叛 | bìngpái<br>并排 |

2. 朗读句子，注意b和p的发音。

Read the sentences aloud, and pay attention to the pronunciation of "b" and "p".

（1）Wǒ yào yì bēi kāfēi, yì píng niúnǎi.
我 要 一 杯 咖啡、一 瓶 牛奶。

（2）Wǒ bù xiǎng chī píngguǒ, wǒ xiǎng chī bǐsà.
我 不 想 吃 苹果，我 想 吃 比萨。

（3）Zhè zhǒng dàngāo bù piányi.
这 种 蛋糕 不 便宜。

## 八、文化　Culture

受地理环境的影响，中国的南方和北方在饮食方面存在着很大的差异，例如：南方人喜欢吃米饭，北方人更喜欢吃面食；南方菜口味清淡偏甜，北方菜多口味较重。

Affected by the geographical environment, there are big differences in diet between southern China and northern China. For example, southerners like to eat rice, while northerners prefer noodles. Southern dishes are light-flavored and sweet, while northern dishes have a stronger flavor.

# 2

Bà-mā shēntǐ zěnmeyàng?

# 爸妈身体怎么样？

How have Mom and Dad been?

- **功能 Functions:**

  询问某人情况
  To ask someone about a situation

  描述评论某人、某物
  To describe or comment on someone or something

  转移话题
  To change the subject

- **语言点 Grammar:**

  主谓谓语句
  S-P predicate sentence

  正反疑问句
  Affirmative-negative question

## 一、标准句 Standard sentences

| | | |
|---|---|---|
| 13 | Wǒ zhù 11 céng, 1107.<br>我 住11 层，1107。 | I live in 1107 on the 11th floor. |
| 14 | Hěn gāoxìng rènshi nǐ!<br>很 高兴 认识你！ | Nice to meet you! |
| 15 | Rènshi nǐ wǒ yě hěn gāoxìng!<br>认识 你我也很 高兴！ | Nice to meet you, too! |
| 16 | Tā yǎnjing zhēn dà!<br>它 眼睛 真 大！ | Its eyes are so big! |
| 17 | Bié dān//xīn!<br>别 担心！ | Don't worry! |
| 18 | Wǒ hěn xǐhuan xiǎo māo, xiǎo gǒu.<br>我 很 喜欢 小 猫、小 狗。 | I love small cats and dogs. |
| 19 | Bà-mā shēntǐ zěnmeyàng?<br>爸妈 身体 怎么样？ | How have Mom and Dad been? |
| 20 | Bà-mā shēntǐ dōu hěn hǎo.<br>爸妈 身体 都 很 好。<br>Nǐ fàng//xīn ba!<br>你 放心 吧！ | Mom and Dad have been fine.<br>Don't worry! |
| 21 | Duìle, wǒ xiǎng kàn nǐ xīn<br>对了，我 想 看你新<br>nánpéngyou de zhàopiàn.<br>男朋友 的 照片。 | By the way, I want to have a look at your new boyfriend's photo. |
| 22 | Tā gōngzuò máng bu máng?<br>他 工作 忙 不 忙？ | Is he busy with work? |
| 23 | Tā gōngzuò fēicháng máng,<br>他 工作 非常 忙，<br>zhōumò yě bù xiūxi.<br>周末 也不休息。 | He is very busy. He doesn't rest even on weekends. |

## 二、会话 Conversations

1

Aihua meets her neighbor at the elevator of the building.

Àihuá: Nǐ hǎo, wǒ jiào Àihuá, wǒ zhù 11 céng, 1107.
爱华：你好，我叫爱华，我住11层，1107。

línjū: Wǒ zhù 1106, hěn gāoxìng rènshi nǐ!
邻居：我住1106，很高兴认识你！

Àihuá: Rènshi nǐ wǒ yě hěn gāoxìng! Zhè shì nǐ de xiǎo gǒu ma?
爱华：认识你我也很高兴！这是你的小狗吗？

línjū: Shì a. Tā jiào "Xiǎopàng".
邻居：是啊。它叫"小胖"。

Àihuá: Tā yǎnjing zhēn dà! Tài kě'ài le.
爱华：它眼睛真大！太可爱了。

(The dog takes a step forward)

línjū: Bié dān//xīn!
邻居：别担心！

Àihuá: Méi guānxi, wǒ hěn xǐhuan xiǎo māo, xiǎo gǒu.
爱华：没关系，我很喜欢小猫、小狗。

2

A Chinese student is video chatting with her elder sister.

xuéshēng: Jiějie, bà-mā shēntǐ zěnmeyàng?
学生：姐姐，爸妈 身体 怎么样？

jiějie: Bà-mā shēntǐ dōu hěn hǎo. Nǐ fàng//xīn ba!
姐姐：爸妈 身体 都 很 好。你 放心 吧！

xuéshēng: Duìle, wǒ xiǎng kàn nǐ xīn nánpéngyou de zhàopiàn.
学生：对了，我 想 看你新 男朋友 的 照片。

(The sister shows her a photo)

xuéshēng: Tā gèzi zhēn gāo!
学生：他个子 真 高！

jiějie: Tā shì jiànshēn jiàoliàn.
姐姐：他是 健身 教练。

xuéshēng: Tā gōngzuò máng bu máng?
学生：他 工作 忙 不 忙？

jiějie: Tā gōngzuò fēicháng máng, zhōumò yě bù xiūxi.
姐姐：他 工作 非常 忙，周末 也不休息。

## 词语 Words

会话 1 Conversation 1

| | | | | | |
|---|---|---|---|---|---|
| 1 | 住 | zhù | v. | to live | 你住哪儿？ |
| 2 | 层 | céng | m. | floor, level | 一层　几层 |
| 3 | 高兴 | gāoxìng | adj. | happy | 很高兴　不高兴 |
| 4 | 认识 | rènshi | v. | to know | 很高兴认识你　不认识 |
| 5 | 狗 | gǒu | n. | dog | 小狗 |
| 6 | 它 | tā | pron. | it | |
| 7 | 胖 | pàng | adj. | fat | 很胖　不胖 |
| 8 | 眼睛 | yǎnjing | n. | eye | 大眼睛　小眼睛 |
| 9 | 可爱 | kě'ài | adj. | cute | 真可爱　可爱的小猫 |
| 10 | 别 | bié | adv. | do not | 别吃　别买 |
| 11 | 担心 | dān//xīn | v. | to worry | 很担心　别担心 |
| 12 | 喜欢 | xǐhuan | v. | to like | 很喜欢　不喜欢 |
| 13 | 猫 | māo | n. | cat | 小猫 |

会话 2 Conversation 2

| | | | | | |
|---|---|---|---|---|---|
| 14 | 身体 | shēntǐ | n. | body, health | 身体怎么样　身体很好 |
| 15 | 放心 | fàng//xīn | v. | to be at ease | 很放心　不放心 |
| 16 | 对了 | duìle | v. | by the way | |
| 17 | 新 | xīn | adj. | new | 新男朋友　新老师 |
| 18 | 照片 | zhàopiàn | n. | photo | 我的照片　看照片 |
| 19 | 个子 | gèzi | n. | height | |
| 20 | 高 | gāo | adj. | tall | 很高　个子真高 |
| 21 | 健身 | jiànshēn | v. | to keep fit; bodybuilding | 喜欢健身 |
| 22 | 教练 | jiàoliàn | n. | coach, instructor | 健身教练　一个教练 |
| 23 | 非常 | fēicháng | adv. | very | 非常好　非常忙 |
| 24 | 周末 | zhōumò | n. | weekend | 上周末　这周末　下周末 |
| 25 | 休息 | xiūxi | v. | to rest | 休息一天　不休息 |

专名 Proper noun

| | | |
|---|---|---|
| 爱华 | Àihuá | Aihua, a person's name |

## 注释 Notes

### 1. “我住11层，1107”

说明楼层时候一般按照整体数字来读，如“11层”读作“shíyī céng”，说明门牌号码时一般一个数字一个数字读，而且数字“1”通常读作“yāo”，如“1107”读作“yāo yāo líng qī”。

The number of a floor is generally read as a whole, e.g. “11层” is read as “shíyī céng”, while the number of a house/apartment is often read digit by digit, and the number “1” is usually read as “yāo”, e.g. “1107” is read as “yāo yāo líng qī”.

### 2. “对了”

“对了”表示突然想起某事，对话中用来提出新的话题。如：

“对了” means that something suddenly occurs to somebody and is used to raise a new topic in a conversation. For example:

我明天不上课。对了，周末是大卫的生日。

Wǒ míngtiān bú shàng//kè. Duìle, zhōumò shì Dàwèi de shēngrì.

## 三、词语扩展 Vocabulary development

### 1. 常见的描述一个人的方面 Common aspects to describe a person

眼睛

ěrduo
耳朵

liǎn
脸

tóufa
头发

bízi
鼻子

zuǐ
嘴

个子

shēncái
身材

### 2. 常用正反形容词 Common adjective antonyms

高 ǎi 矮

胖 shòu 瘦

大 小

cháng 长 duǎn 短

## 四、语言点 Grammar

### 1. 主谓谓语句 S-P predicate sentence

主谓谓语句是由主谓短语做谓语的句子，用于对人或事物本身从某一方面进行说明、描写或判断。其中主谓短语的主语所指的人或事物常跟全句的主语有关。如：

In the S-P predicate sentence, a subject-predicate phrase is used as the predicate to explain, describe or judge a person or a thing from a certain aspect. The person or thing referred to by the subject of the subject-predicate phrase is often associated with the subject of the whole sentence. For example:

（1）他个子很高。Tā gèzi hěn gāo.

（2）她身体不好。Tā shēntǐ bù hǎo.

**练习 Practice**

• 描述图片中的人物。
Describe the person in the picture.

Tā gèzi
她 个子________________

Tā tóufa
她 头发________________

Tā yǎnjing
她 眼睛________________

Tā shēncái
她 身材________________

Tā
她____________________

Form a paragraph:

Tā gèzi 她个子__________，tóufa 头发__________，yǎnjing 眼睛__________，shēncái 身材__________，__________。

## 2. 正反疑问句　Affirmative-negative question

将谓语中动词或形容词的肯定式和否定式并列，就构成正反疑问句。如：

An affirmative-negative question is formed by putting together the affirmative and negative forms of the verb or adjective in the predicate. For example:

（1）你有没有男朋友？ Nǐ yǒu méiyǒu nánpéngyou?

（2）他工作忙不忙？ Tā gōngzuò máng bu máng?

注意 如果句子中带有助动词，其正反疑问句只要把助动词的肯定式和否定式并列起来。如：

**Attention:** If the sentence has an auxiliary verb, the affirmative-negative question is formed by putting together the positive and negative forms of the auxiliary verb. For example:

你想不想吃饺子？ Nǐ xiǎng bu xiǎng chī jiǎozi?

### 练习 Practice

- 把下面的问句变成正反疑问句。
  Change the following questions into affirmative-negative questions.

Nǐ è ma?
（1）你饿吗？ →

Nǐ yǒu gēge ma?
（2）你 有 哥哥 吗？ →

Nǐ xiǎng hē kāfēi ma?
（3）你 想 喝咖啡 吗？ →

Nǐ chī xīguā ma?
（4）你吃 西瓜 吗？ →

## 五、替换表达 Alternative expressions

Wǒ zhù 1106， hěn gāoxìng rènshi nǐ!
1. A：我 住 1106，很 高兴 认识 你！
Rènshi nǐ wǒ yě hěn gāoxìng.
B：认识 你 我 也 很 高兴。

wǒ zhù wǔ céng
我 住 五 层
wǒ jiào Dàwèi
我 叫 大卫
wǒ shì Xuělì de nánpéngyou
我 是 雪丽 的 男朋友
wǒ shì Zhāng yīshēng
我 是 张 医生

Tā gèzi zhēn gāo!
2. A：他 个子 真 高！

tóufa cháng
头发 长
zuǐ dà
嘴 大
yǎnjing xiǎo
眼睛 小
zhǔyi duō
主意 多

Tā gōngzuò máng bu máng?
2. A：他 工作 忙 不 忙？
Tā gōngzuò fēicháng máng.
B：他 工作 非常 忙。

yǎnjing dà
眼睛 大
gèzi gāo
个子 高
shēncái hǎo
身材 好
xuéxí lèi
学习 累

## 六、课堂活动 Class activities

### （一）小组活动 Group activities

1. 两人一组，一个同学用主谓谓语句描述图片中的一人，同伴挑出所描述的人物。

   Work in pairs. Student A describes a person in the pictures with a S-P predicate sentence and Student B picks out the person.

如：他个子很高，…… Tā gèzi hěn gāo, ……

2. 两人一组，模拟邻居初次见面，根据下面的人物信息进行对话。

   Work in pairs. Simulate the first meeting between neighbors and conduct a dialogue according to the people's information below.

| | |
|---|---|
| Mike | Màikè (Mike) |
| 住501 | zhù 501 |
| 健身教练 | jiànshēn jiàoliàn |
| 想学汉语 | xiǎng xué Hànyǔ |

| | |
|---|---|
| 张明 | Zhāng Míng |
| 住601 | zhù 601 |
| 北京大学学生 | Běijīng Dàxué xuésheng |
| 喜欢运动 | xǐhuan yùndòng |

## （二）看图说话　Talk about the pictures

根据下面的图片介绍一下他的一家。

Introduce the family according to the picture below.

他个子……，头发……，……

Tā gèzi……, tóufa……, ……

他爸爸……，他妈妈……，他妹妹……，他的小猫……

Tā bàba……, tā māma……, tā mèimei……, tā de xiǎo māo……

## （三）任务活动　Mission

用主谓谓语句描述班级里的一个同学，大家猜猜这个同学是谁？

Describe a classmate with S-P predicate sentences and let the other students guess who he/she is.

## 七、语音 Phonetics

1. 朗读音节和词语，注意d和t的发音。

Read the syllables and words aloud, and pay attention to the pronunciation of "d" and "t".

| | | | |
|---|---|---|---|
| dà tā<br>大 — 他 | dì tǐ<br>第 — 体 | dài tài<br>袋 — 太 | dōng tóng<br>东 — 同 |
| dàtīng<br>大厅 | dìtiě<br>地铁 | diàntī<br>电梯 | dòngtīng<br>动听 |

2. 朗读句子，注意d和t的发音。

Read the sentences aloud, and pay attention to the pronunciation of "d" and "t".

（1）Dìdi shēntǐ zěnmeyàng?
弟弟 身体 怎么样？

（2）Dàngāo jīntiān tèjià.
蛋糕 今天 特价。

（3）Tā yǎnjing zhēn dà.
它 眼睛 真 大。

## 八、文化 Culture

中国人常说唐朝“以胖为美”。很多唐代的陶俑和图画中所表现的女性都体态丰满，腰肢浑圆。不过也有人觉得这种说法是误传。

The Chinese often say that people in the Tang Dynasty thought “fat is beautiful”. Many of the women in the terracotta figures and paintings back then were plump-bodied with well-rounded waists and legs. However, some people believe it’s misinformation.

# 3

Nǐ yǒu shénme àihào?

# 你有什么爱好？

What hobbies do you have?

- **功能 Functions:**

  询问、说明爱好
  To ask and talk about hobbies

  询问、说明特长
  To ask and talk about special skills

  表示赞赏
  To show appreciation

- **语言点 Grammar:**

  程度补语
  Degree complement

  能愿动词“会”
  Volitive auxiliary “会”

## 一、标准句 Standard sentences

| | | |
|---|---|---|
| 24 | Nǐ xǐhuan chàng gē ma?<br>你喜欢 唱 歌吗？ | Do you like singing? |
| 25 | Wǒ xǐhuan tīng gē, chàng gē chàng de bú tài hǎo.<br>我 喜欢 听 歌，唱 歌 唱 得不太 好。 | I like listening to music, but I do not sing well. |
| 26 | Nǐ yǒu shénme àihào?<br>你有 什么 爱好？ | What hobbies do you have? |
| 27 | Wǒ yě xǐhuan wǎngqiú, búguò wǒ bú huì dǎ.<br>我 也 喜欢 网球，不过 我不 会 打。 | I also love tennis, but I don't know how to play it. |
| 28 | Wǒ jiāo nǐ.<br>我 教 你。 | I'll teach you. |
| 29 | Qǐng jìn.<br>请 进。 | Come in, please. |
| 30 | Nǐ de tècháng shì shénme?<br>你的 特长 是 什么？ | What are your special skills? |
| 31 | Wǒ huì shuō sì zhǒng yǔyán.<br>我 会 说 四 种 语言。 | I speak four languages. |
| 32 | Nǐ huì chàng hànyǔgē ma?<br>你会 唱 汉语歌 吗？ | Can you sing Chinese songs? |
| 33 | Chúle zhèxiē, nǐ hái yǒu shénme tècháng?<br>除了 这些，你还 有 什么 特长？ | What other special talents do you have besides these? |

## 二、会话 Conversations

1

Nishida is on the first date with Nuomin, the girl introduced to him by his friend.

Xītián: Nǐ xǐhuan chàng gē ma?
西田：你喜欢 唱 歌吗？

Nuòmǐn: Wǒ xǐhuan tīng gē, chàng gē chàng de bú tài hǎo.
诺敏：我 喜欢 听 歌，唱 歌 唱 得不太 好。

Xītián: Wǒ xǐhuan chàng gē, kàn diànyǐng, lǚyóu, dǎ wǎngqiú……
西田：我 喜欢 唱 歌、看 电影、旅游、打 网球……

Nuòmǐn: Shì ma? Nǐ de àihào zhēn duō!
诺敏：是 吗？你的爱好 真 多！

Xītián: Nǐ yǒu shénme àihào?
西田：你有 什么 爱好？

Nuòmǐn: Wǒ yě xǐhuan wǎngqiú, búguò wǒ bú huì dǎ.
诺敏：我也喜欢 网球，不过我不会打。

Xītián: Méi guānxi, wǒ jiāo nǐ.
西田：没 关系，我 教你。

Nuòmǐn: Hǎo a!
诺敏：好 啊！

2

Dashu goes for an actor interview.

(Knock)

miànshìguān: Qǐng jìn. Qǐng zuò.
面试官：请 进。请 坐。

Dàshù: Nín hǎo! Wǒ jiào Dàshù.
大树：您 好！我 叫 大树。

miànshìguān: Nǐ hǎo, Dàshù. Nǐ de tècháng shì shénme?
面试官：你 好，大树。你的 特长 是 什么？

Dàshù: Wǒ huì shuō sì zhǒng yǔyán: Yīngyǔ, Fǎyǔ, Yìdàlìyǔ hé Hànyǔ.
大树：我 会 说 四 种 语言：英语、法语、意大利语和 汉语。

miànshìguān: Nǐ de Hànyǔ shuō de búcuò, nǐ huì chàng hànyǔgē ma?
面试官：你的 汉语 说 得 不错，你 会 唱 汉语歌 吗？

Dàshù: Huì, wǒ chàng hànyǔgē chàng de hái kěyǐ.
大树：会，我 唱 汉语歌 唱 得 还 可以。

miànshìguān: Hǎo. Chúle zhèxiē, nǐ hái yǒu shénme tècháng?
面试官：好。除了 这些，你 还 有 什么 特长？

Dàshù: Wǒ hái huì Zhōngguó gōngfu.
大树：我 还会 中国 功夫。

## 词语 Words

会话 1 Conversation 1

| | | | | | |
|---|---|---|---|---|---|
| 1 | 唱 | chàng | v. | to sing | |
| 2 | 歌 | gē | n. | song | 唱歌　汉语歌 |
| 3 | 听 | tīng | v. | to listen | 听歌 |
| 4 | 得 | de | part. | *structural particle* | 唱得好 |
| 5 | 太 | tài | adv. | too, extremely | 不太好 |
| 6 | 电影 | diànyǐng | n. | movie | 看电影 |
| 7 | 旅游 | lǚyóu | v. | to travel | 喜欢旅游 |
| 8 | 打 | dǎ | v. | to play | |
| 9 | 网球 | wǎngqiú | n. | tennis | 打网球　网球教练 |
| 10 | 爱好 | àihào | n. | hobby | 有什么爱好 |
| 11 | 不过 | búguò | conj. | but | |
| 12 | 会 | huì | aux./v. | can; to be able to | 会唱　不会打网球　会汉语 |
| 13 | 教 | jiāo | v. | to teach | 教汉语　我教你 |
| 14 | 啊 | a | part. | ah | |

会话 2 Conversation 2

| | | | | | |
|---|---|---|---|---|---|
| 15 | 请 | qǐng | v. | please | |
| 16 | 进 | jìn | v. | to enter | 请进 |
| 17 | 坐 | zuò | v. | to sit | 请坐 |
| 18 | 特长 | tècháng | n. | special skill, strong suit | 有什么特长 |
| 19 | 说 | shuō | v. | to speak | 说汉语　不会说 |
| 20 | 语言 | yǔyán | n. | language | 一种语言 |
| 21 | 不错 | búcuò | adj. | good, not bad | 还不错　很不错 |
| 22 | 还可以 | hái kěyǐ | | well enough | |
| 23 | 除了 | chúle | prep. | except, besides | 除了汉语，你还会说什么语言？ |
| 24 | 这些 | zhèxiē | pron. | these | 这些书 |
| 25 | 功夫 | gōngfu | n. | kung fu | 中国功夫 |

专名 Proper nouns

| | | | |
|---|---|---|---|
| 1 | 诺敏 | Nuòmǐn | Nuomin, a person's name |
| 2 | 大树 | Dàshù | Dashu, a person's name |
| 3 | 英语 | Yīngyǔ | English (language) |
| 4 | 法语 | Fǎyǔ | French (language) |
| 5 | 意大利语 | Yìdàlìyǔ | Italian (language) |

## 注释 Notes

### 1. "还可以"

"还可以"用于口语，表示不坏、不错。如：

"还可以" is used in spoken Chinese to mean "good" or "not bad". For example:

（1）他唱得还可以。Tā chàng de hái kěyǐ.

（2）这种咖啡还可以。Zhè zhǒng kāfēi hái kěyǐ.

### 2. "除了……，还……"

表示补充，陈述的内容既包括"除了"后面的事物，也包括"还"后面的事物。如：

"除了……，还……" indicates a supplement. Items after "除了" and "还" (also) are both included in what is stated. For example:

（1）他除了喜欢唱歌，还喜欢看电影。
Tā chúle xǐhuan chàng gē, hái xǐhuan kàn diànyǐng.

（2）除了姐姐，我还有一个哥哥。Chúle jiějie, wǒ hái yǒu yí gè gēge.

## 三、词语扩展 Vocabulary development

### 1. 常见的爱好 Common hobbies

唱歌

tiào//wǔ
跳舞

看电影

看书

shèyǐng
摄影

huà huàr
画画儿

tán gāngqín
弹 钢琴

wánr yóuxì
玩儿 游戏

旅游

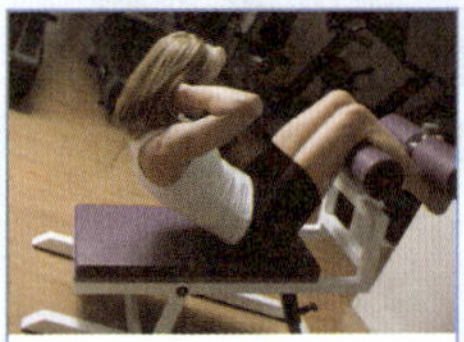
健身

pǎo//bù
跑步

yóu//yǒng
游泳

What other hobbies do you have?

## 2. 常见的球类运动　Common ball games

dǎ lánqiú
打 篮球

dǎ yǔmáoqiú
打 羽毛球

dǎ pīngpāngqiú
打 乒乓球

打网球

tī zúqiú
踢 足球

What other ball games do you like?

## 四、语言点 Grammar

### 1. 程度补语 Degree complement

程度补语用来说明动作或事物性质所达到的程度。简单的程度补语一般由形容词充当，动词和程度补语之间要用结构助词“得”来连接。如：

The degree complement is used to explain the extent to which an action or the nature of something achieves. A simple degree complement is usually an adjective, and the verb and the degree complement are connected by the structural particle “得”. For example:

| 主语<br>Subject | 动词 + “得”<br>Verb + “得” | 程度补语<br>Degree complement |
|---|---|---|
| Tā<br>她 | chàng de<br>唱 得 | hěn hǎo.<br>很 好。 |
| Tā<br>她 | chàng de<br>唱 得 | bù hǎo.<br>不 好。 |
| Tā<br>她 | chàng de<br>唱 得 | hǎo bu hǎo?<br>好 不 好？ |

注意 程度补语的否定式是在程度补语的前边加否定副词“不”，“不”不能放在动词前边。如：

**Attention:** The negative form of a degree complement is to place the negative adverb “不” before the degree complement, and “不” cannot be placed before the verb. For example:

（√）她唱得不好。 Tā chàng de bù hǎo.

（×）她不唱得好。 Tā bú chàng de hǎo.

如果动词带宾语，必须在宾语之后、“得”之前重复动词，但有时为了省略，宾语前面的动词可以不出现。如：

If the verb is followed by an object, the verb must be repeated after the object and before “得”. However, sometimes the verb before the object may not appear for the sake of brevity. For example:

| 主语<br>Subject | （动词+）宾语 + 动词 + "得"<br>(Verb + ) Object + Verb + "得" | 程度补语<br>Degree complement |
|---|---|---|
| Tā<br>她 | chàng gē chàng de<br>（唱）歌 唱 得 | hěn hǎo.<br>很 好。 |
| Tā<br>她 | chàng gē chàng de<br>（唱）歌 唱 得 | bù hǎo.<br>不 好。 |
| Tā<br>她 | chàng gē chàng de<br>（唱）歌 唱 得 | hǎo bu hǎo?<br>好 不 好? |

**练习 Practice**

- 根据图片，用程度补语说句子。
  Make sentences with degree complements according to the pictures.

如：他篮球打得很棒！ Tā lánqiú dǎ de hěn bàng!

## 2. 能愿动词"会" Volitive auxiliary "会"

能愿动词"会"用在动词之前，可表示懂得怎样做或有能力做，多指需要学习的事情。"会"的否定式是"不会"。如：

The volitive auxiliary "会" can be used before a verb to show knowing how to do or having the ability to do something. It mostly applies to things that need to be learned. The negative form is "不会". For example:

（1）他会说四种语言。 Tā huì shuō sì zhǒng yǔyán.

（2）我不会打网球。 Wǒ bú huì dǎ wǎngqiú.

**练习 Practice**

- 用“会”介绍一下他的特长。
  Introduce his special skills with “会”.

如：他会说意大利语。Tā huì shuō Yìdàlìyǔ.

## 五、替换表达 Alternative expressions

Nǐ chàng gē chàng de hǎo ma? Wǒ chàng gē chàng de bú tài hǎo.

1. A：你 唱 歌 唱 得 好 吗？ B：我 唱 歌 唱 得 不 太 好。

| | |
|---|---|
| tiào//wǔ 跳舞 | bù hǎo 不好 |
| yóu//yǒng 游泳 | hái kěyǐ 还可以 |
| huà huàr 画画儿 | búcuò 不错 |
| dǎ wǎngqiú 打网球 | hěn hǎo 很好 |

Nǐ yǒu shénme àihào? Wǒ xǐhuan dǎ wǎngqiú.

2. A：你 有 什么 爱好？ B：我 喜欢 打 网球。

kàn diànyǐng 看电影

shèyǐng 摄影

pǎo//bù 跑步

tī zúqiú 踢足球

Nǐ huì chàng hànyǔgē ma? Huì. / Bú huì.

3. A：你 会 唱 汉语歌 吗？ B：会。/ 不 会。

shuō Fǎyǔ 说法语

tán gāngqín 弹钢琴

dǎ lánqiú 打篮球

Zhōngguó gōngfu 中国功夫

## 六、课堂活动 Class activities

### （一）小组活动 Group activities

1. 两人一组，根据图片互相询问爱好。

Work in pairs and ask about each other's hobbies according to the pictures.

chàng gē
唱 歌

tiào//wǔ
跳舞

tán gāngqín
弹 钢琴

huà huàr
画 画儿

tī zúqiú
踢 足球

yóu//yǒng
游泳

dǎ yǔmáoqiú
打 羽毛球

Other hobbies:

如：A：你喜欢唱歌吗？Nǐ xǐhuan chàng gē ma?

B：我喜欢/不喜欢唱歌。Wǒ xǐhuan/bù xǐhuan chàng gē.

2. 四人一组，调查一下上一题的爱好中，大家会哪些，做得怎么样。

Work in groups of four students to see which of the above hobbies you have and how well you do.

| 爱好 | 我 | 同学1 | 同学2 | 同学3 |
| --- | --- | --- | --- | --- |
| 唱歌 chàng gē | | | | |
| 跳舞 tiào//wǔ | | | | |
| 弹钢琴 tán gāngqín | | | | |
| 画画儿 huà huàr | | | | |
| 踢足球 tī zúqiú | | | | |
| 游泳 yóu//yǒng | | | | |
| 打羽毛球 dǎ yǔmáoqiú | | | | |
| Other hobbies | | | | |

## （二）看图说话 Talk about the pictures

下面是大树和两个女孩儿的简介卡，从爱好上看，谁做大树的女朋友更合适？

Below are the introduction cards of Dashu and two girls. Who is more suitable as Dashu's girlfriend from the viewpoint of hobbies?

| 女孩儿1 | 大树 | 女孩儿2 |
| --- | --- | --- |
| 爱好：看书、画画儿<br>游泳 | 爱好：看书、画画儿<br>游泳 | 爱好：弹钢琴、摄影<br>看网球 |
| 不会：打网球、唱歌 | 不会：打网球、唱歌 | 不会：游泳、打网球 |

## （三）任务活动 Mission

调查班里同学的特长和爱好，看看你可以和哪些同学组成兴趣小组。

Investigate the special skills and hobbies of your classmates to see who can form hobby groups with you.

| No. | 名字 | 爱好 | 做得怎么样 |
|---|---|---|---|
| 1 | | | |
| 2 | | | |
| 3 | | | |
| 4 | | | |
| 5 | | | |
| | | | |

## 七、语音 Phonetics

1. 朗读音节和词语，注意sh和s的发音。
Read the syllables and words aloud, and pay attention to the pronunciation of "sh" and "s".

| | | | |
|---|---|---|---|
| shí sì<br>十—四 | shuǐ suì<br>水—岁 | shāng sǎng<br>商—嗓 | shuō suǒ<br>说—所 |
| shísì<br>十四 | shàngsi<br>上司 | shēngsǐ<br>生死 | shēngsù<br>声速 |

2. 朗读句子，注意sh和s的发音。
Read the sentences aloud, and pay attention to the pronunciation of "sh" and "s".

（1）Tā de shēngrì shì sì yuè shísì rì.
他的生日是四月十四日。

（2）Wǒ huì shuō sì zhǒng yǔyán.
我会说四种语言。

（3）Nǐ shì zhù shísān céng ma?
你是住十三层吗?

## 八、文化 Culture

在中国古代，弹琴（多指弹奏古琴）、弈棋（多指中国象棋和围棋）、书法、绘画是文人和名门闺秀必须掌握的技能，这四种技能合称“琴棋书画”。今天“琴棋书画”常用来表示个人的文化素养。

In ancient China, playing a musical instrument (mostly *guqin*, Chinese zither), playing chess (mostly Chinese chess and game of Go), calligraphy, and painting were the skills that scholars and famous ladies must master. These four skills are collectively known as “*qin*, chess, calligraphy, and painting”, which is often used to describe a person’s cultural accomplishments today.

# 4

Nǐ qùguo Shànghǎi ma?

# 你去过上海吗?

Have you ever been to Shanghai?

- **功能 Functions:**

  询问、说明经历

  To ask and talk about experiences

  表示愿意和不愿意

  To show willingness or unwillingness

- **语言点 Grammar:**

  动态助词“过”

  Aspect particle “过”

  动词重叠

  Verb reduplication

## 一、标准句 Standard sentences

Nǐ qùguo Shànghǎi ma?
34 你去过 上海 吗？ Have you ever been to Shanghai?

Jiàqī wǒmen yìqǐ qù Shànghǎi ba.
35 假期我们一起去 上海 吧。 Let's go to Shanghai during the holiday.

Wǒ yǐqián qùguo Shànghǎi.
36 我 以前 去过 上海。 I've been to Shanghai before.

Hángzhōu wǒ yě qùguo.
37 杭州 我也去过。 I've also been to Hangzhou.

Nǐ qùguo de dìfang zhēn duō a!
38 你去过的地方 真 多啊！ You've been to so many places!

Zánmen zhōngwǔ dìng wàimài ba.
39 咱们 中午 订 外卖 吧。 Let's order a takeaway for lunch.

Wǒ shàng//wǎng kànkan.
40 我 上网 看看。 Let me check it online.

Bié dìng zhè jiā.
41 别 订 这家。 Don't choose this restaurant.

Wǒ hái méi chīguo ne.
42 我 还没 吃过 呢。 I've never eaten it before.

Kěyǐ shìshi.
43 可以试试。 We can have a try.

## 二、会话 Conversations

1

Li Jun and her friend are discussing where to travel while reading travel magazines in the coffee shop.

péngyou: Nǐ qùguo Shànghǎi ma? Jiàqī wǒmen yìqǐ qù Shànghǎi ba.
朋友: 你去过上海吗? 假期我们一起去上海吧。

Lǐ Jūn: Wǒ yǐqián qùguo Shànghǎi.
李君: 我以前去过上海。

péngyou: Hángzhōu ne? Nǐ qùguo Hángzhōu ma?
朋友: 杭州呢? 你去过杭州吗?

Lǐ Jūn: Hángzhōu wǒ yě qùguo.
李君: 杭州我也去过。

péngyou: Nǐ hái qùguo nǎr?
朋友: 你还去过哪儿?

Lǐ Jūn: Wǒ hái qùguo Xī'ān, Kūnmíng, Guǎngzhōu……
李君: 我还去过西安、昆明、广州……

péngyou: Nǐ qùguo de dìfang zhēn duō a!
朋友: 你去过的地方真多啊!

2

Zhang Yingying and a colleague are talking about ordering a takeaway for lunch in the office.

Zhāng Yíngying: Zánmen zhōngwǔ dìng wàimài ba.
张迎迎：咱们 中午 订 外卖 吧。

tóngshì: Hǎo, wǒ shàng//wǎng kànkan. Zhè jiā zěnmeyàng?
同事：好，我 上网 看看。这 家 怎么样？

Zhāng Yíngying: Wǒ qùguo zhè jiā fànguǎnr, cài dōu hěn là.
张迎迎：我 去过 这 家 饭馆儿，菜 都 很 辣。

tóngshì: Zhè jiā xīcāntīng ba, wǒ chīguo, wèidào búcuò.
同事：这 家 西餐厅 吧，我 吃过，味道 不错。

Zhāng Yíngying: Zhè jiā wǒ shàng gè xīngqī dìngguo, sòng de tèbié màn, bié dìng zhè jiā.
张迎迎：这 家 我 上 个 星期 订过，送 得 特别 慢，别 订 这 家。

tóngshì: Zhè jiā Shànghǎi cài hěn yǒu//míng, wǒ hái méi chīguo ne.
同事：这 家 上海 菜 很 有名，我 还 没 吃过 呢。

Zhāng Yíngying: Wǒ yě méi chīguo, kěyǐ shìshi.
张迎迎：我 也 没 吃过，可以 试试。

## 词语 Words

会话 1 Conversation 1

| | | | | | |
|---|---|---|---|---|---|
| 1 | 去 | qù | v. | to go | 去银行　一起去 |
| 2 | 过 | guo | part. | *aspect particle* | 去过　吃过 |
| 3 | 假期 | jiàqī | n. | holiday | 这个假期　很多假期 |
| 4 | 以前 | yǐqián | n. | before, ago | 星期三以前　20岁以前 |
| 5 | 地方 | dìfang | n. | place | 工作的地方<br>去过什么地方 |

会话 2 Conversation 2

| | | | | | |
|---|---|---|---|---|---|
| 6 | 订 | dìng | v. | to order | 订房间　订蛋糕 |
| 7 | 外卖 | wàimài | n. | takeaway, takeout | 订外卖　有没有外卖 |
| 8 | 上网 | shàng//wǎng | v. | to surf the Internet | 喜欢上网　上网看书 |
| 9 | 家 | jiā | m. | *measure word for families or companies* | 一家饭馆儿<br>这家比萨店 |
| 10 | 菜 | cài | n. | food, dish | 这个菜　上海菜 |
| 11 | 辣 | là | adj. | spicy | 很辣　太辣了 |
| 12 | 西餐厅 | xīcāntīng | n. | Western restaurant | 一家西餐厅 |
| 13 | 味道 | wèidào | n. | flavor, taste | 味道不错　什么味道 |
| 14 | 送 | sòng | v. | to deliver | 送餐 |
| 15 | 特别 | tèbié | adv. | particularly | 特别好看 |
| 16 | 慢 | màn | adj. | slow | 很慢　特别慢 |
| 17 | 有名 | yǒu//míng | adj. | famous | 很有名 |
| 18 | 没 | méi | adv. | no, not | 没去过上海　没吃早饭 |
| 19 | 可以 | kěyǐ | aux. | can, may | 可以刷卡 |
| 20 | 试 | shì | v. | to try | 试试　可以试试 |

专名 Proper nouns

| | | | |
|---|---|---|---|
| 1 | 上海 | Shànghǎi | Shanghai (city) |
| 2 | 李君 | Lǐ Jūn | Li Jun, a person's name |
| 3 | 杭州 | Hángzhōu | Hangzhou (city) |
| 4 | 西安 | Xī'ān | Xi'an (city) |
| 5 | 昆明 | Kūnmíng | Kunming (city) |
| 6 | 广州 | Guǎngzhōu | Guangzhou (city) |

## 注释 Notes

### 1. “还没……呢”

表示一个动作到目前为止还未发生或还未完成。“还没……呢”与“没……”相比，所否定的动作今后发生或完成的可能性要大一些，或者含有希望这个动作发生或完成的意思。如：

It indicates that an action has not occurred or has not yet been completed. Compared with that of “没……”, the action referred to by “还没……呢” is more likely to happen or be completed in the future, or is wished to happen or be completed. For example:

（1）他还没上班呢。Tā hái méi shàng//bān ne.

（2）我还没去过上海呢。Wǒ hái méi qùguo Shànghǎi ne.

### 2. “可以”

“可以”表示可能或者许可。如：

“可以” means probability or permission. For example:

（1）我可以看看你的书吗？Wǒ kěyǐ kànkan nǐ de shū ma?

（2）我可以试试。Wǒ kěyǐ shìshi.

## 三、词语扩展 Vocabulary development

### 1. 知名旅游城市 Famous tourist cities

Niǔyuē
纽约

Bālí
巴黎

Lúndūn
伦敦

Xīní
悉尼

Dōngjīng
东京

Màngǔ
曼谷

上海

Sūzhōu
苏州

Guìlín
桂林

Lāsà
拉萨

Xiānggǎng
香港

Other cities you've been to:

## 2. 常见味道　Common flavors

suān
酸

tián
甜

kǔ
苦

辣

xián
咸

Other flavors:

## 四、语言点 Grammar

### 1. 动态助词“过” Aspect particle “过”

“过”用在动词后，表示某种行为曾经发生，但并未继续到现在。常用来强调有这种经历。基本格式是：**主语 + 动词 + “过” + 名词**。否定式是在动词前加“没（有）”。如：

“过” is used after a verb to mean that something has happened but does not continue up until now. It often emphasizes the experience. The basic format is: **subject + verb + “过” + noun**. The negative form is made by adding “没（有）” before the verb. For example:

| | |
|---|---|
| 肯定式 Affirmative form | Wǒ chīguo jiǎozi.<br>我 吃过 饺子。 |
| 否定式 Negative form | Wǒ méi (yǒu) chīguo jiǎozi.<br>我 没（有）吃过 饺子。 |
| 一般疑问式 General question | Nǐ chīguo jiǎozi ma?<br>你 吃过 饺子 吗？ |
| 正反疑问式<br>Affirmative-negative question | Nǐ chī méi chīguo jiǎozi?<br>你 吃 没 吃过 饺子？<br>Nǐ chīguo jiǎozi méiyǒu?<br>你 吃过 饺子 没有？ |

**练习 Practice**

- 你去过这个地方吗？
  Have you ever been to this place?

如：A：你去过这个地方吗？Nǐ qùguo zhège dìfang ma?
　　B：我去过。/我没去过。Wǒ qùguo. / Wǒ méi qùguo.

## 2. 动词重叠 Verb reduplication

汉语中有些动词可以重叠。单音节动词重叠时，第二个音节读轻声。如：

Some verbs in Chinese can be reduplicated. When a monosyllabic verb is reduplicated, the second syllable is read in the neutral tone. For example:

| 动词 Verb | 动词重叠形式 Verb reduplication | 样例 Example |
|---|---|---|
| 单音节动词<br>Monosyllabic verb | A → AA/A一A | shì　shìshi/shì yi shì<br>试 → 试试/试 一 试 |
| 双音节动词<br>Disyllabic verb | AB → ABAB | xiūxi　xiūxi xiūxi<br>休息 → 休息休息 |
| 离合动词<br>Separable verb | A//B → AAB | pǎo//bù　pǎopao bù<br>跑步 → 跑跑　步 |

动词重叠一般表示动作经历的时间短或轻松、随便，有时也表示尝试或礼貌。如：

Verb reduplication generally indicates short or relaxed and random action, and sometimes implies an attempt or courtesy. For example:

（1）周末我们可以看看/看一看电影，运动运动。

Zhōumò wǒmen kěyǐ kànkan/kàn yi kàn diànyǐng, yùndòng yùndòng.

（2）我们问问/问一问老师吧。Wǒmen wènwen/wèn yi wèn lǎoshī ba.

**练习 Practice**

- 用动词重叠形式说说这个假期你想做什么？

  Talk about what you want to do during this holiday with reduplicated verbs.

| 看 kàn | 唱 chàng | 打 dǎ | 玩儿 wánr | 休息 xiūxi | |
|---|---|---|---|---|---|
| | | | | | |

## 五、替换表达 Alternative expressions

Nǐ qùguo Shànghǎi ma?
1. A：你 去过 上海 吗？

Wǒ yǐqián qùguo Shànghǎi.
B：我 以前 去过 上海。

| | |
|---|---|
| Měiguó 美国 | qùnián 去年 |
| Xī'ān 西安 | shàng gè jiàqī 上个假期 |
| Guǎngzhōu 广州 | méi 没 |

Zhè jiā zěnmeyàng?
2. A：这 家 怎么样？

Wǒ qùguo zhè jiā fànguǎnr, cài dōu hěn là.
B：我 去过 这 家 饭馆儿，菜 都 很 辣。

| | | | |
|---|---|---|---|
| zhè jiā 这家 | qù 去 | yínháng 银行 | rén tèbié duō 人特别多 |
| zhè zhǒng 这种 | chī 吃 | dàngāo 蛋糕 | wèidào búcuò 味道不错 |
| zhè zhǒng 这种 | mǎi 买 | cǎoméi 草莓 | tài suān le 太酸了 |

Zhège cài hěn yǒu//míng, wǒ hái méi chīguo ne.
3. A：这个 菜 很 有名，我 还 没 吃过 呢。

Wǒ yě méi chīguo.
B：我 也 没 吃过。

| | |
|---|---|
| dìfang 地方 | qù 去 |
| diànyǐng 电影 | kàn 看 |
| chá 茶 | hē 喝 |

## 六、课堂活动 Class activities

### （一）小组活动 Group activities

1. 两人一组，了解一下对方的经历。
Work in pairs and learn about each other's experiences.

huǒguō
火锅

pīngpāngqiú
乒乓球

jīngjù
京剧

guòshānchē
过山车

xiàngsheng
相声

如：A：你吃过火锅吗？Nǐ chīguo huǒguō ma?
　　B：我吃过。/我没吃过。Wǒ chīguo. / Wǒ méi chīguo.

2. 四人一组，每人说一个以前去过的地方，并简单说明喜欢或不喜欢的原因。
Work in groups of four students. Each says a place you have been to and explain briefly the reason why you like or dislike it.

| | 我 | 同学 1 | 同学 2 | 同学 3 |
|---|---|---|---|---|
| 地方 | | | | |
| 喜欢 | | | | |
| 不喜欢 | | | | |

如：A：我去过……。我很喜欢/不喜欢……
　　Wǒ qùguo……. Wǒ hěn xǐhuan / bù xǐhuan……

## （二）看图说话 Talk about the pictures

根据图片说说小明和小丽去过中国的哪些地方。

Talk about the places in China that Xiaoming and Xiaoli have been to according to the pictures.

Běijīng
北京

Xī'ān
西安

Shànghǎi
上海

Kūnmíng
昆明

Hángzhōu
杭州

Xiānggǎng
香港

Guìlín
桂林

Lāsà
拉萨

如：小明去过……。小丽去过……。小明和小丽都去过……。小明和小丽都还没去过……。

Xiǎomíng qùguo……. Xiǎolì qùguo……. Xiǎomíng hé Xiǎolì dōu qùguo……. Xiǎomíng hé Xiǎolì dōu hái méi qùguo…….

## （三）任务活动 Mission

每人列出自己还没做过，两年内想做的5件事情，在班里找到想和你一起做的同学。（想做的事情如果不会说可以问问老师。）

List five things you have not done but want to do in two years, and find a classmate who wants to do them together with you. (Ask your teacher for help if you do not know how to express the things you want to do.)

| TO-DO LIST | |
|---|---|
| 1 | qù<br>去…… |
| 2 | chī<br>吃…… |
| 3 | kàn<br>看…… |
| 4 | |
| 5 | |

## 七、语音 Phonetics

1. 朗读音节和词语，注意ch和c的发音。

Read the syllables and words aloud, and pay attention to the pronunciation of "ch" and "c".

| | | | |
|---|---|---|---|
| chī cì<br>吃—次 | chāo cǎo<br>超—草 | chǎn cān<br>产—餐 | chóng cóng<br>重—从 |
| chū//cǎi<br>出彩 | chéngcái<br>成才 | chǐcùn<br>尺寸 | chū//cāo<br>出操 |

2. 朗读句子，注意ch和c的发音。

Read the sentences aloud, and pay attention to the pronunciation of "ch" and "c".

（1）Zhège cài hěn hǎochī.
这个 菜 很 好吃。

（2）Wǒ xiǎng chī cǎoméi.
我 想 吃 草莓。

（3）Cóng zhège chāoshì dào jīchǎng yào duō cháng shíjiān?
从 这个 超市 到 机场 要 多 长 时间？

## 八、文化 Culture

中国是世界上拥有世界遗产类别最齐全的国家之一，目前在世界遗产名录里排名第二。长城、故宫、莫高窟、九寨沟、黄山……这些中国的世界遗产你去过几个呢？

China is one of the countries with the fullest range of world heritage sites across the globe, ranking second in the world. The Great Wall, Forbidden City, Mogao Caves, Jiuzhaigou Valley, Mount Huangshan... How many of China's world heritage sites have you been to?

# 复习1 Review 1

## 一、看图片，判断图片内容是否与提示词一致，并朗读词语。

Judge whether the pictures accord with the words/phrases, and read the words/phrases aloud.

| | | | |
|---|---|---|---|
| 1 |  | miàntiáor<br>面条儿 | × |
| 2 |  | gǒu<br>狗 | |
| 3 |  | zhàopiàn<br>照片 | |
| 4 |  | chàng gē<br>唱 歌 | |
| 5 |  | kàn diànyǐng<br>看 电影 | |
| 6 |  | dǎ wǎngqiú<br>打 网球 | |

## 二、看问题，选择正确的回答，并朗读。

Choose the right answers to the questions and read them aloud.

Nín xiǎng hē diǎnr shénme?
1. 您 想 喝点儿 什么？ [F]

Chī bǐsà, zěnmeyàng?
2. 吃 比萨，怎么样？ [ ]

Nǐ huì chàng hànyǔgē ma?
3. 你 会 唱 汉语歌 吗？ [ ]

Nǐ zhù nǎr?
4. 你 住 哪儿？ [ ]

Nǐ yǒu shénme àihào?
5. 你 有 什么 爱好？ [ ]

Nǐ qùguo Shànghǎi ma?
6. 你 去过 上海 吗？ [ ]

Wǒ xǐhuan lǚyóu.
A. 我 喜欢 旅游。

Wǒ bú huì.
B. 我 不会。

Wǒ zhù 102.
C. 我 住 102。

Wǒ hái méi qùguo ne.
D. 我 还 没 去过 呢。

Wǒ bù xiǎng chī, wǒ xiǎng chī miàntiáor.
E. 我 不 想 吃，我 想 吃 面条儿。

Wǒ yào yì bēi chá.
F. 我 要一杯 茶。

## 三、看句子，选择正确的词语填空，并朗读。

Choose the correct words to fill in the blanks and read the sentences aloud.

| huì | xiǎng | de | zhēn | guo |
|---|---|---|---|---|
| A. 会 | B. 想 | C. 得 | D. 真 | E. 过 |

Wǒ gē chàng bú tài hǎo.
1. 我 歌 唱（ C ）不太 好。

Tā shēncái hǎo!
2. 她 身材（ ）好！

Wǒ yǐqián qù Shànghǎi.
3. 我 以前 去（ ）上海。

Wǒ shuō sì zhǒng yǔyán.
4. 我（ ）说 四 种 语言。

Wǒ bù chī bāozi, zánmen chī bǐsà ba.
5. 我 不（ ）吃 包子，咱们 吃 比萨 吧。

dōu　　búguò　　zuìjìn　　háishi　　chúle
F. 都　G. 不过　H. 最近　I. 还是　J. 除了

Qǐngwèn, nín yào dà bēi　　xiǎo bēi?
6. 请问，　您 要 大 杯（　　）小 杯？

Wǒ　　měi tiān chī jiǎozi.
7. 我（　　）每 天 吃 饺子。

zhèxiē,　nǐ hái yǒu shénme tècháng?
8.（　　）这些，你 还 有　什么　特长？

Wǒ xǐhuan lánqiú,　　bú huì dǎ.
9. 我 喜欢 篮球，（　　）不 会 打。

Zhèxiē wǒ　　bù xǐhuan.
10. 这些　我（　　）不 喜欢。

## 四、回答问题。

Answer the questions.

Nǐ xǐhuan chī shénme?
1. 你 喜欢 吃 什么？

Nǐ xǐhuan shuā//kǎ háishi fù xiànjīn?
2. 你 喜欢　刷卡　还是 付 现金？

Nǐ bà-mā shēntǐ zěnmeyàng?
3. 你 爸妈 身体　怎么样？

Nǐ zhù nǎr?
4. 你 住哪儿？

Nǐ xǐhuan xiǎo gǒu ma?
5. 你 喜欢 小 狗 吗？

Nǐ yǒu shénme àihào?
6. 你 有 什么 爱好?

Nǐ de tècháng shì shénme?
7. 你 的 特长 是 什么?

Nǐ huì shuō shénme yǔyán?
8. 你 会 说 什么 语言?

Nǐ yóu//yǒng yóu de zěnmeyàng?
9. 你 游泳 游 得 怎么样?

Nǐ dōu qùguo shénme hǎowánr de dìfang?
10. 你 都 去过 什么 好玩儿 的 地方?

## 五、两人一组，看图模拟对话。

Work in pairs to make dialogues according to the pictures.

1

2

# 5

Zhōumò nǐ qù nǎr le?

# 周末你去哪儿了？

Where did you go on the weekend?

- **功能 Functions:**

  叙述事情经过
  To describe what happened

  表示推测
  To indicate speculation

- **语言点 Grammar:**

  语气助词“了”（1）——表发生
  Modal particle “了” (1)—indicating occurrence

  连动句
  Sentence with a serial verb construction

  兼语句
  Pivotal sentence

## 一、标准句 Standard sentences

Zhōumò nǐ qù nǎr le?
44 周末 你去哪儿了？ Where did you go on the weekend?

Wǒ gēn tóngxué yìqǐ qù jiāoqū huá//xuě le.
45 我 跟 同学一起去郊区 滑雪 了。 I went skiing in the suburb with my classmate.

Nǐ bú pà shuāi jiù xíng.
46 你不怕 摔 就 行。 It's OK as long as you are not afraid of falling down.

Xià cì wǒ qǐng nǐ qù.
47 下次我 请 你去。 I'll treat you next time.

Wǒ xiǎngxiang ba.
48 我 想想 吧。 I'll think about it.

Xīngqītiān nǐ dōu gàn shénme le?
49 星期天 你都 干 什么 了？ What did you do last Sunday?

Jǐ gè péngyou lái wǒ jiā chī fàn le.
50 几个 朋友 来我家吃 饭了。 Several friends came over for dinner.

Wǒmen yāoqiú měi gè rén dài yí gè cài.
51 我们 要求 每 个人 带一个菜。 We asked each person to bring a dish.

Zhè zhēn shì gè hǎo bànfǎ!
52 这 真 是个 好 办法！ That's a good idea!

Nǐ cāi wǒ zuò shénme le.
53 你猜 我 做 什么 了。 Guess what I cooked.

Yídìng shì shālā.
54 一定 是沙拉。 It must be salad.

## 二、会话 Conversations

1

Wang Xiaotian is chatting with the Chinese intern in the company.

Wáng Xiǎotiān: Zhōumò nǐ qù nǎr le?
王小天：周末 你去哪儿了？

xuéshēng: Wǒ gēn tóngxué yìqǐ qù jiāoqū huá//xuě le.
学生：我 跟 同学一起去郊区 滑雪 了。

Wáng Xiǎotiān: Huá//xuě? Hǎowánr ma?
王小天：滑雪？ 好玩儿 吗？

xuéshēng: Hěn hǎowánr, nàr de huáxuěchǎng tèbié bàng, rén yě bù duō.
学生：很 好玩儿，那儿的 滑雪场 特别 棒，人也不 多。

Wáng Xiǎotiān: Wǒ hái méi huáguo xuě ne. Nán bu nán?
王小天：我 还 没 滑过 雪 呢。难 不 难？

xuéshēng: Bù nán, nǐ bú pà shuāi jiù xíng. Xià cì wǒ qǐng nǐ qù.
学生：不 难，你不怕 摔 就 行。下次我 请 你去。

Wáng Xiǎotiān: Wǒ xiǎngxiang ba.
王小天：我 想想 吧。

2

Gym staff Xiaomei is video chatting with her elder sister at home.

jiějie: Xīngqītiān nǐ dōu gàn shénme le?
姐姐：星期天 你 都 干 什么 了？

Xiǎoměi: Jǐ gè péngyou lái wǒ jiā chī fàn le.
小美：几个 朋友 来我家吃饭了。

jiějie: Nǐ huì zuò fàn ma?
姐姐：你会做饭吗？

Xiǎoměi: Wǒmen yāoqiú měi gè rén dài yí gè cài.
小美：我们 要求 每个人带一个菜。

jiějie: Zhè zhēn shì gè hǎo bànfǎ! Nǐ yě zuò cài le ma?
姐姐：这 真 是个好办法！你也做菜了吗？

Xiǎoměi: Zuò le. Nǐ cāi wǒ zuò shénme le.
小美：做了。你猜我做 什么 了。

jiějie: Yídìng shì shālā.
姐姐：一定是沙拉。

## 词语 Words

| | | | | | |
|---|---|---|---|---|---|
| 会话 1 Conversation 1 | | | | | |
| 1 | 了 | le | part. | *modal particle* | |
| 2 | 跟 | gēn | prep. | with | 跟我们一起 |
| 3 | 同学 | tóngxué | n. | classmate | 一个同学<br>我和大卫是同学 |
| 4 | 郊区 | jiāoqū | n. | suburb | 在郊区　去郊区 |
| 5 | 滑雪 | huá//xuě | v. | to ski | 喜欢滑雪<br>会不会滑雪 |
| 6 | 那儿 | nàr | pron. | there | 那儿 ⟷ 这儿 |
| 7 | 滑雪场 | huáxuěchǎng | n. | ski resort | 一个滑雪场<br>那个滑雪场 |
| 8 | 棒 | bàng | adj. | excellent, amazing | 很棒　特别棒 |
| 9 | 难 | nán | adj. | hard, difficult | 很难　不难 |
| 10 | 怕 | pà | v. | to fear, to be afraid | 很怕　不怕 |
| 11 | 摔 | shuāi | v. | to fall | |
| 12 | ……就行 | ……jiù xíng | | will do | 好吃就行 |
| 13 | 次 | cì | m. | time, occasion | 一次　每次　下次 |
| 14 | 想 | xiǎng | v. | to think | 想想 |
| 会话 2 Conversation 2 | | | | | |
| 15 | 干 | gàn | v. | to do | 干什么了？ |
| 16 | 几 | jǐ | num. | several | 几个苹果　十几岁 |
| 17 | 朋友 | péngyou | n. | friend | 很多朋友　好朋友 |
| 18 | 来 | lái | v. | to come | 来中国　来我家 |
| 19 | 做饭 | zuò fàn | | to cook | 会做饭　学习做饭 |
| 20 | 要求 | yāoqiú | v. | to ask, to require | 要求会汉语<br>要求付现金 |
| 21 | 带 | dài | v. | to take, to bring | 带书 |
| 22 | 办法 | bànfǎ | n. | way, method | 好办法　没办法 |
| 23 | 猜 | cāi | v. | to guess | 猜猜　你猜 |
| 24 | 一定 | yídìng | adv. | certainly | 一定很好吃　一定来 |
| 25 | 沙拉 | shālā | n. | salad | 我要一个沙拉 |

**专名 Proper noun**

| | | |
|---|---|---|
| 小美 | Xiǎoměi | Xiaomei, a person's name |

## 注释 Notes

### 1. "跟……一起"

"跟……一起"表示动作行为是双方共同进行的。如：

"跟……一起" means that the action is carried out by both parties. For example:

大卫跟女朋友一起去看电影了。
Dàwèi gēn nǚpéngyou yìqǐ qù kàn diànyǐng le.

### 2. "……就行"

"……就行"表示只需要满足这一个条件。如：

"……就行" means that only one condition needs to be met. For example:

去哪儿吃没关系，好吃就行。Qù nǎr chī méi guānxi, hǎochī jiù xíng.

## 三、词语扩展 Vocabulary development

- 常见的周末安排 Common weekend schedules

1.和朋友或家人 With friends or family

唱歌

看电影

jùhuì
聚会

guàng jiē
逛 街

pá shān
爬 山

2.自己在家 Alone at home

shuì lǎnjiào
睡 懒觉

玩儿游戏

kàn diànshì
看 电视

xǐ yīfu
洗衣服

dǎsǎo fángjiān
打扫 房间

Other things you often do on weekends:

## 四、语言点 Grammar

### 1. 语气助词“了”（1）——表发生

Modal particle “了” (1)—indicating occurrence

语气助词“了”用在句末，可以表示某件事或某种情况已经发生。如：

The modal particle “了” is used at the end of a sentence to show that something or some situation has happened. For example:

A：你去哪儿？ Nǐ qù nǎr?
B：我去图书馆。Wǒ qù túshūguǎn.
（“去图书馆”这件事情还没有发生）

A：你去哪儿了？ Nǐ qù nǎr le?
B：我去图书馆了。Wǒ qù túshūguǎn le.
（“去图书馆”这件事情已经发生了）

句末带语气助词“了”的句子，否定式是在动词前加“没（有）”，去掉句尾的“了”。如：

The negative form of a sentence with the modal particle “了” in the end is made by adding “没（有）” before the verb and removing “了” from the end. For example:

| | |
|---|---|
| 肯定式<br>Affirmative form | Wǒ qù túshūguǎn le.<br>我 去 图书馆 了。 |
| 否定式<br>Negative form | Wǒ méi (yǒu) qù túshūguǎn.<br>我 没（有）去 图书馆。 |
| 一般疑问式<br>General question | Nǐ qù túshūguǎn le ma?<br>你 去 图书馆 了 吗？ |
| 正反疑问式<br>Affirmative-negative question | Nǐ qù méi qù túshūguǎn?<br>你 去 没 去 图书馆？<br>Nǐ qù túshūguǎn le méi (yǒu) ?<br>你 去 图书馆 了 没有？ |

**练习 Practice**

- 根据图片回答问题。
  Answer the questions according to the pictures.

他去哪儿了？ Tā qù nǎr le?

她买什么了？ Tā mǎi shénme le?

## 2. 连动句 Sentence with a serial verb construction

谓语由几个动词或动词短语连用，并有同一个主语，这样的句子叫连动句。基本格式为：**主语 + 动词$_1$ ( +宾语$_1$ ) + 动词$_2$ ( +宾语$_2$ )**。如：

A sentence in which two or more verbs or verbal phrases serve as the predicate of the same subject is called the sentence with a serial verb construction. The basic format is: **subject + verb$_1$ (+ object$_1$) + verb$_2$ (+ object$_2$)** For example:

（1）大卫去郊区滑雪了。Dàwèi qù jiāoqū huá//xuě le.

（2）明天大卫来我家玩儿。Míngtiān Dàwèi lái wǒ jiā wánr.

在口语中，“去”“来”后边的宾语常常省略。如：

In spoken Chinese, the object following “去” or “来” is often omitted. For example:

（3）我们去看电影吧。Wǒmen qù kàn diànyǐng ba.

（4）你来干什么？Nǐ lái gàn shénme?

**练习 Practice**

- 把下面的连动句补充完整。
  Complete the following sentences with serial verb constructions.

Wǒ zǎoshang qù chāoshì ________ le.
（1）我 早上 去 超市________了。

Xià zhōumò tóngxuémen lái wǒ jiā ________.
（2）下 周末 同学们 来我家________。

Míngtiān gēn wǒmen yìqǐ qù ________ ba.
（3）明天 跟 我们一起去________吧。

Gēge ________ shàng//bān le.
（4）哥哥________上班 了。

Nǐ yě lái ________ le?
（5）你也来________了？

## 3. 兼语句 Pivotal sentence

谓语由两个动词短语组成，前一个动词的宾语同时是后一个动词的主语，这样的句子叫兼语句。兼语句的动词$_1$常常是带有使令意义的动词。基本格式为：主语$_1$ + 动词$_1$ + 宾语$_1$/主语$_2$ + 动词$_2$（+宾语$_2$）。如：

A pivotal sentence consists of two verbal phrases, and the object of the first verb is the subject of the second one. The first verb is often a causative verb. The basic format is: **subject$_1$ + verb$_1$ + object$_1$ / subject$_2$ + verb$_2$ (+ object$_2$)** For example:

（1）我请大卫吃饭。Wǒ qǐng Dàwèi chī fàn.

（2）老师要求我们看书。Lǎoshī yāoqiú wǒmen kàn shū.

## 练习 Practice

- 判断下面的句子中哪些是兼语句。
  Judge which of the following sentences are pivotal sentences.

Tā qù xuéxiào pǎo//bù le.
(1) 他去学校跑步了。 (　　)

Wǒ qǐng nǐ kàn diànyǐng.
(2) 我请你看电影。 (　　)

Māma yāoqiú wǒ měi tiān shí diǎn shuì//jiào.
(3) 妈妈要求我每天十点睡觉。 (　　)

Zhōumò wǒmen yìqǐ qù Wáng lǎoshī jiā chī fàn.
(4) 周末我们一起去王老师家吃饭。 (　　)

Xiǎolì lái yīyuàn kàn yí gè tóngxué.
(5) 小丽来医院看一个同学。 (　　)

## 五、替换表达 Alternative expressions

Zhōumò nǐ qù nǎr le?
1. A：周末 你去哪儿了？
Wǒ gēn tóngxué yìqǐ qù jiāoqū huá//xuě le.
B：我 跟 同学 一起去 郊区 滑雪 了。

| | | |
|---|---|---|
| Dàwèi<br>大卫 | xuéxiào<br>学校 | dǎ wǎngqiú<br>打 网球 |
| péngyou<br>朋友 | túshūguǎn<br>图书馆 | xuéxí<br>学习 |
| jiějie<br>姐姐 | fànguǎnr<br>饭馆儿 | chī fàn<br>吃 饭 |

Wǒmen yāoqiú měi gè rén dài yí gè cài.
2. A：我们 要求 每 个 人 带一个菜。

| | |
|---|---|
| māma<br>妈妈 | dǎsǎo yí gè fángjiān<br>打扫 一个 房间 |
| lǎoshī<br>老师 | kàn liǎng gè Zhōngguó diànyǐng<br>看 两 个 中国 电影 |
| jiàoliàn<br>教练 | pǎo 1000 mǐ<br>跑 1000 米 |

Nǐ cāi wǒ zuò shénme le.
3. A：你猜我做 什么 了。
Yídìng shì shālā.
B：一定 是 沙拉。

| | |
|---|---|
| wǒ chī shénme le<br>我 吃 什么 了 | jiǎozi<br>饺子 |
| shéi lái le<br>谁 来了 | Dàwèi<br>大卫 |
| tā zhōumò gàn shénme le<br>他 周末 干 什么 了 | qù huá//xuě le<br>去 滑雪 了 |

## 六、课堂活动 Class activities

### （一）小组活动 Group activities

1. 几人一组，你做我猜。一个同学用动作说明自己星期天做什么了，其他人猜出后互相问答。

   Work in groups of several students and play the game "you perform, I guess". Student A describes what he or she did on Sunday with gestures, and the other students make a guess and then ask each other questions.

   如：A：你星期天干什么了？ Nǐ xīngqītiān gàn shénme le?
   
   B：我去游泳了。 Wǒ qù yóu//yǒng le.

2. 两人一组，先将下面的地点和活动连线，之后用连动句回答问题。

   Work in pairs. Match the places and activities below and then answer questions using sentences with serial verb constructions.

| | |
|---|---|
| túshūguǎn 图书馆 | mǎi niúnǎi 买 牛奶 |
| fànguǎnr 饭馆儿 | lǚxíng 旅行 |
| chāoshì 超市 | chī fàn 吃 饭 |
| xuéxiào 学校 | kàn shū 看 书 |
| Xī'ān 西安 | shàng//kè 上课 |

   如：他去哪儿了？ Tā qù nǎr le?

## （二）看图说话　Talk about the pictures

根据日程表说说小明上个星期做什么了，没做什么。

Talk about what Xiaoming did and did not do last week according to the schedule.

| SCHEDULE | |
|---|---|
| xīngqī yī<br>星期　一 | qù yínháng<br>去　银行　✕ |
| xīngqī èr<br>星期　二 | dǎ wǎngqiú<br>打　网球　✓ |
| xīngqī sān<br>星期　三 | gēn nǚpéngyou yìqǐ kàn diànyǐng<br>跟　女朋友　一起　看　电影　✕ |
| xīngqī sì<br>星期　四 | qù chāoshì<br>去　超市　✕ |
| xīngqī wǔ<br>星期　五 | yóu//yǒng<br>游泳　✓ |
| xīngqī liù<br>星期　六 | gēn nǚpéngyou yìqǐ chàng gē<br>跟　女朋友　一起　唱　歌　✓ |
| xīngqītiān<br>星期天 | / |

小明上个星期想去银行，去超市，打网球，游泳，跟女朋友一起看电影、唱歌。他去银行了，没……。他……，也……。他跟女朋友一起……，没……。

Xiǎomíng shàng gè xīngqī xiǎng qù yínháng, qù chāoshì, dǎ wǎngqiú, yóu//yǒng, gēn nǚpéngyou yìqǐ kàn diànyǐng, chàng gē. Tā qù yínháng le, méi……. Tā……, yě…….Tā gēn nǚpéngyou yìqǐ……, méi…….

## （三）任务活动 Mission

在班级内对大家上个周末的安排进行调查，找出大家周末最常见的活动。

Conduct a survey of the students' arrangements for last weekend and find out the most common activity on weekends.

| | Activity | Frequency of occurrence | Number of people with interest |
|---|---|---|---|
| 1 | | | |
| 2 | | | |
| 3 | | | |
| 4 | | | |
| 5 | | | |
| | | | |
| | | | |

## 七、语音 Phonetics

1. 朗读音节和词语，注意n和l的发音。

   Read the syllables and words aloud, and pay attention to the pronunciation of "n" and "l".

| | | | |
|---|---|---|---|
| nǐ　lì<br>你 — 力 | nián　liàn<br>年 — 练 | niú　liù<br>牛 — 六 | nà　là<br>那 — 辣 |
| nǎlǐ<br>哪里 | nénglì<br>能力 | niánlíng<br>年龄 | niánlún<br>年轮 |

2. 朗读句子，注意n和l的发音。

   Read the sentences aloud, and pay attention to the pronunciation of "n" and "l".

（1）Zhōumò nǐ qù nǎr le?
周末　你去哪儿了？

（2）Nǐ pà bu pà là?
你怕不怕辣？

（3）Míngtiān nǐ néng bu néng lái?
明天　你能不能来？

## 八、文化 Culture

如今中国正处在互联网快速发展的时期，“互联网+”告诉我们生活可以是这样的——吃饭、坐车、买东西的时候，不用带钱包和银行卡，只要一部手机在手；看病、订餐、看电影，扫码预约不用排队；机票、酒店一键预订……人们的衣食住行越来越智能化了。

Now China is in a period of rapid development of the Internet. “Internet +” tells us that life can be like this—you can eat, take a taxi or buy things without a wallet or a bank card as long as you have your cell phone with you; you do not need to line up but only scan a code when seeing a doctor, ordering food and watching movies; air tickets and hotels can also be booked with one click... The basic necessities of life become more and more intelligentized.

# 6

Nǎr bù shūfu?

# 哪儿不舒服？

What's the matter?

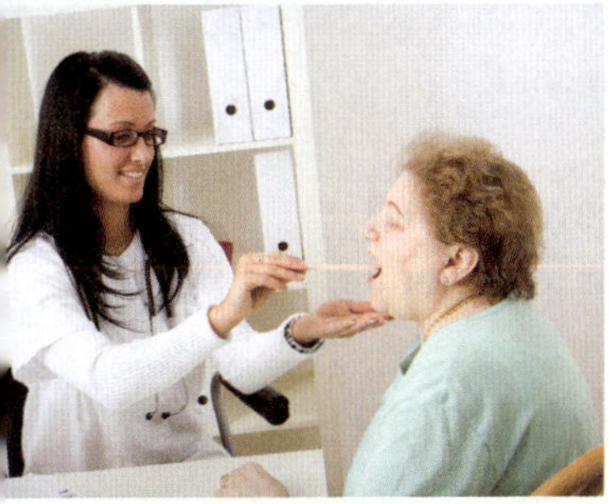

- **功能 Functions:**

  询问、说明病情
  To ask and talk about illncss

  表示劝告
  To advise

  说明吃药方式
  To explain the way to take a medicine

- **语言点 Grammar:**

  "有点儿"做状语
  "有点儿" as an adverbial modifier

  语气助词"了"（2）——表变化
  Modal particle "了" (2)—indicating change

  能愿动词"能"
  Volitive auxiliary "能"

## 一、标准句 Standard sentences

Nǐ zěnme hái bù qǐ//chuáng?
55 你怎么还不起床？ Why don't you get up?

Wǒ yǒudiǎnr bù shūfu.
56 我有点儿不舒服。 I feel a bit uncomfortable.

Zěnme le?
57 怎么了？ What's wrong?

Wǒ tóu hěn téng.
58 我头很疼。 I have a bad headache.

(Wǒ) juéde tèbié lěng.
59 （我）觉得特别冷。 (I) feel so cold.

Shì bu shì fā//shāo le? Liángliang tǐwēn ba.
60 是不是发烧了？ 量量体温吧。 Do you have a fever? Take your temperature.

Háishi qù yīyuàn kànkan ba.
61 还是去医院看看吧。 You'd better go to the hospital.

Nǎr bù shūfu?
62 哪儿不舒服？ What's the matter?

Yì tiān sān cì, yí cì liǎng piàn.
63 一天三次，一次两片。 Three times a day and two pills each time.

Duō hē shuǐ, duō xiūxi, shǎo chī là de cài.
64 多喝水，多休息，少吃辣的菜。 Drink more water, take more rest, and eat less spicy food.

Wǒ bìng le, jīntiān bù néng qù shàng//kè le.
65 我病了，今天不能去上课了。 I'm ill and cannot go to class today.

Nǐ bāng wǒ qǐng gè jià ba.
66 你帮我请个假吧。 Help me to ask for leave.

## 二、会话 Conversations

1

Nuomin feels unwell this morning and her roommate Aihua asks her what is wrong.

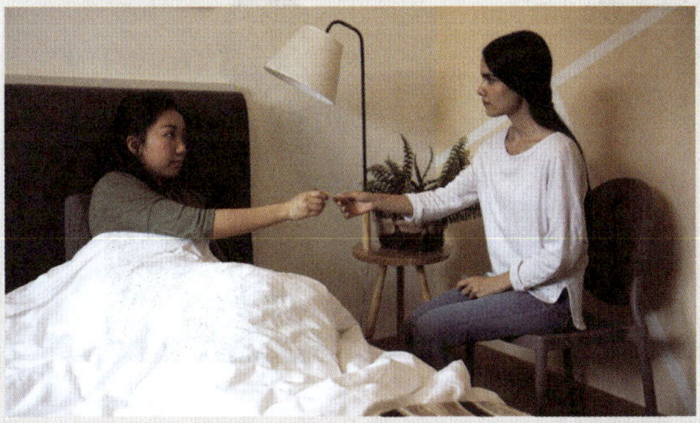

(Knock)

Nuòmǐn: Qǐng jìn.
诺敏：请 进。

Àihuá: Nuòmǐn, nǐ zěnme hái bù qǐ//chuáng? Jīntiān bú shàng//kè ma?
爱华：诺敏，你 怎么 还不 起床？ 今天 不 上课 吗？

Nuòmǐn: Wǒ yǒudiǎnr bù shūfu.
诺敏：我 有点儿不舒服。

Àihuá: Zěnme le?
爱华：怎么 了？

Nuòmǐn: Wǒ tóu hěn téng, juéde tèbié lěng.
诺敏：我 头 很 疼，觉得特别 冷。

Àihuá: Shì bu shì fā//shāo le? Liángliang tǐwēn ba.
爱华：是 不 是 发烧 了？ 量量 体温 吧。

Nuòmǐn: Wǒ xiànzài zhǐ xiǎng shuì//jiào.
诺敏：我 现在 只 想 睡觉。

Àihuá: 38 dù 5. Háishi qù yīyuàn kànkan ba.
爱华：38度5。还是 去 医院 看看 吧。

2

Nuomin is seeing the doctor in the hospital.

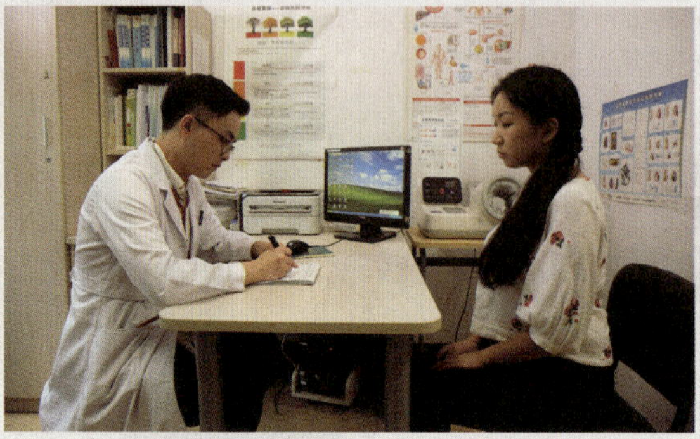

dàifu: Nǎr bù shūfu?
大夫：哪儿不舒服？

Nuòmǐn: Tóu téng, fā//shāo.
诺敏：头 疼，发烧。

dàifu: Xiān qù yàn//xiě ba.
大夫：先 去 验血 吧。

(Nuomin comes back with the test report and shows it to the doctor)

dàifu: Nǐ gǎnmào le. Chī zhè zhǒng gǎnmào yào, yì tiān sān cì, yí cì liǎng piàn.
大夫：你 感冒 了。吃 这 种 感冒 药，一天 三次，一次 两 片。

Nuòmǐn: Hǎo de.
诺敏：好 的。

dàifu: Duō hē shuǐ, duō xiūxi, shǎo chī là de cài.
大夫：多 喝 水，多 休息，少 吃 辣的 菜。

Nuòmǐn: Xièxie dàifu!
诺敏：谢谢 大夫！

(Nuomin sends a WeChat message to her classmate Li Jun and asks Li Jun to ask for leave for her)

Lǐ Jūn, wǒ shì Nuòmǐn. Wǒ bìng le, jīntiān bù néng qù shàng//kè le,
李君，我是诺敏。我病了，今天不能去上课了，
nǐ bāng wǒ qǐng gè jià ba, xièxie!
你帮我请个假吧，谢谢！

## 词语 Words

会话 1 Conversation 1

| | | | | | |
|---|---|---|---|---|---|
| 1 | 有点儿 | yǒudiǎnr | adv. | a little, a bit | 有点儿累　有点儿饿 |
| 2 | 舒服 | shūfu | adj. | comfortable | 很舒服　不舒服 |
| 3 | 头 | tóu | n. | head | |
| 4 | 疼 | téng | adj. | painful | 头疼　不疼 |
| 5 | 觉得 | juéde | v. | to feel | 我觉得 |
| 6 | 冷 | lěng | adj. | cold | 特别冷　不太冷 |
| 7 | 发烧 | fā//shāo | v. | to have a fever | 发烧了　不发烧 |
| 8 | 量 | liáng | v. | to measure | |
| 9 | 体温 | tǐwēn | n. | (body) temperature | 量体温 |
| 10 | 只 | zhǐ | adv. | only | 他只喝咖啡 |
| 11 | 度 | dù | m. | degree | 多少度　38度5 |

会话 2 Conversation 2

| | | | | | |
|---|---|---|---|---|---|
| 12 | 先 | xiān | adv. | first | 先……然后…… |
| 13 | 验血 | yàn//xiě | v. | to test the blood | 去验血 |
| 14 | 感冒 | gǎnmào | v./n. | to have a cold; cold | 感冒了　没感冒 |
| 15 | 药 | yào | n. | medicine | 吃药　感冒药 |
| 16 | 片 | piàn | m. | piece, tablet | 一片面包　两片药 |
| 17 | 水 | shuǐ | n. | water | 喝水　一瓶水 |
| 18 | 少 | shǎo | adj. | little, few | 少 ←→ 多 |

| | | | | | |
|---|---|---|---|---|---|
| 19 | 大夫 | dàifu | n. | doctor | 王大夫　我爸爸是大夫 |
| 20 | 病 | bìng | v. | to be ill | 我病了 |
| 21 | 能 | néng | aux. | can | 能来　不能去上课 |
| 22 | 帮 | bāng | v. | to help | 帮我　帮妈妈 |
| 23 | 请假 | qǐng//jià | v. | to ask for leave | 帮我请假　请个假 |

## 注释 Notes

### 1. “怎么”

“怎么”后面加动词，除了可以用来询问方式（苹果怎么卖？），还可以询问原因。如：

When “怎么” is followed by a verb, it can both ask about the way (how) and the reason (why). For example:

（1）你怎么不去上班？ Nǐ zěnme bú qù shàng//bān?

“怎么”还可以直接做谓语，句末加“了”，用来询问状况。如：

“怎么” can also be used directly as the predicate to ask about the situation with “了” at the end of the sentence. For example:

（2）你怎么了？ Nǐ zěnme le?

（3）这家饭馆儿怎么了？ Zhè jiā fànguǎnr zěnme le?

### 2. “还是”

“还是”除了用在选择疑问句中，还可用于陈述句，表示经过比较后做出选择。如：

In addition to being used in alternative questions, “还是” can also be used in declarative sentences to mean making a choice after comparison. For example:

中午饭馆儿人太多了，我们还是订外卖吧。
Zhōngwǔ fànguǎnr rén tài duō le, wǒmen háishi dìng wàimài ba.

3. “多喝水，多休息，少吃辣的菜”

“多”可以用在动词前，表示希望后面动作的数量大一些，常用来表示建议或劝告。相反，如果建议后面动作的数量小一些，可以用“少”。如：

“多” can be used before a verb, expressing the hope that the quantity of the action after it can be larger. It is often used to indicate recommendation or advice. Conversely, “少” can be used if the quantity of the action should be smaller. For example:

（1）多运动。Duō yùndòng.

（2）少玩儿游戏。Shǎo wánr yóuxì.

## 三、词语扩展 Vocabulary development

■ 常见病症 Common diseases

头疼

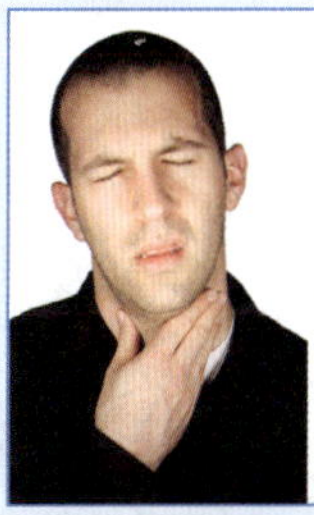

sǎngzi téng
嗓子 疼

yá téng
牙 疼

dùzi téng
肚子 疼

感冒

发烧

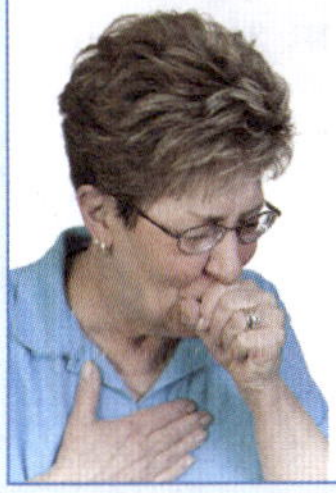

késou
咳嗽

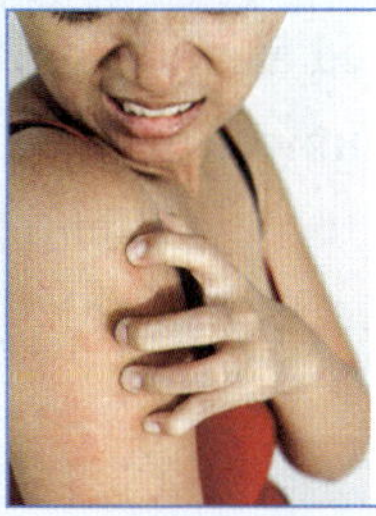

guòmǐn
过敏

Other diseases you know:

## 四、语言点 Grammar

### 1.“有点儿”做状语 “有点儿”as an adverbial modifier

“有点儿”用在动词或形容词前做状语，表示程度轻微，多带有不如意的意思。如：

“有点儿” is used as an adverbial modifier before a verb or an adjective, indicating a slight degree with unpleasant connotations. For example:

| | | |
|---|---|---|
| yǒudiǎnr è<br>有点儿 饿 | yǒudiǎnr là<br>有点儿 辣 | yǒudiǎnr lěng<br>有点儿 冷 |
| yǒudiǎnr bù shūfu<br>有点儿 不 舒服 | yǒudiǎnr bù gāoxìng<br>有点儿 不 高兴 | yǒudiǎnr bú fàng//xīn<br>有点儿 不 放心 |

**练习 Practice**

• 用“有点儿”描述图片。
Describe the pictures with “有点儿”.

如：他有点儿累。Tā yǒudiǎnr lèi.

### 2. 语气助词“了”（2）——表变化 Modal particle “了” (2)—indicating change

语气助词“了”用在句末，还可以表示在交际中提供一种新信息，用来肯定事态已经出现了变化，提醒听话人注意新情况的出现。有成句的作用。如：

The modal particle “了”, when used at the end of a sentence, can also indicate providing new information in communication to confirm that the situation has changed and to remind the listener to pay attention to the emergence of new situations. It helps to finish the sentence. For example:

（1）你发烧了。Nǐ fā//shāo le.

（2）我妈妈现在不工作了。Wǒ māma xiànzài bù gōngzuò le.

**练习 Practice**

- 看图，想一想小丽为什么不高兴？
  Look at the pictures and think about why Xiaoli is unhappy.

之后两人一组说说你最近的变化。
Work in pairs and talk about your recent changes.

----------------------------------------

----------------------------------------

----------------------------------------

----------------------------------------

----------------------------------------

### 3. 能愿动词“能” Volitive auxiliary “能”

能愿动词“能”表示情理、环境、条件上的许可。“能”的否定式是“不能”。如：

The volitive auxiliary “能” indicates permission in terms of reason, environment, and condition. The negative form is “不能”. For example:

（1）这儿能刷卡吗？Zhèr néng shuā//kǎ ma?

（2）能刷卡。/不能刷卡。Néng shuā//kǎ. / Bù néng shuā//kǎ.

## 练习 Practice

- 根据图片两人一组互相问答。
  Work in pairs and ask and answer questions according to the picture.

Tā néng bu néng shàng//kè?
他 能 不 能 上课？

Tā néng bu néng chī kǎoyā?
他 能 不 能 吃 烤鸭？

Tā néng bu néng dǎsǎo fángjiān?
他 能 不 能 打扫 房间？

Tā néng bu néng chàng gē?
他 能 不 能 唱 歌？

Tā néng bu néng hē kāfēi?
他 能 不 能 喝咖啡？

Tā néng bu néng jiànshēn?
他 能 不 能 健身？

## 五、替换表达 Alternative expressions

Nǐ zěnme hái bù qǐ//chuáng?
1. A：你怎么还不起床？

Wǒ yǒudiǎnr bù shūfu.
B：我有点儿不舒服。

gǎnmào
感冒

tóu téng
头疼

fā//shāo
发烧

lèi
累

Nǎr bù shūfu?
2. A：哪儿不舒服？

Tóu téng.
B：头疼。

yá téng
牙疼

dùzi téng
肚子疼

késou
咳嗽

guòmǐn
过敏

Chī zhè zhǒng gǎnmào yào, yì tiān sān cì, yí cì liǎng piàn.
3. A：吃这种感冒药，一天三次，一次两片。

| | |
|---|---|
| chī<br>吃 | yì tiān yí cì, yí cì sān piàn<br>一天一次，一次三片 |
| chī<br>吃 | yì tiān liǎng cì, yí cì yí piàn<br>一天两次，一次一片 |
| hē<br>喝 | yì tiān sān cì, yí cì liǎng píng<br>一天三次，一次两瓶 |
| hē<br>喝 | yì tiān sì cì, yí cì yí dài<br>一天四次，一次一袋 |

## 六、课堂活动 Class activities

### （一）小组活动 Group activities

1. 几人一组，一个人用动作表现一种病症，其他人说出他哪儿不舒服，看谁说得快。

   Work in groups of several students. Student A describes a disease with gestures, and the other students guess what it is and see who guesses it quicker.

2. 两人一组，一个人说出自己最常得的病，另一个人根据自己的经验给出建议。

   Work in pairs. Student A talks about the disease he or she gets most frequently and Student B gives advice according to his or her own experience.

   A：你怎么了？Nǐ zěnme le?

   B：________________。

   A：________________。（多……，少……）

### （二）看图说话 Talk about the picture

下面是一张医生的诊断记录，根据记录的信息两人模拟医生和病人进行对话。

The following is a doctor's diagnostic record. Work in pairs and simulate the dialogue between the doctor and the patient according to the recorded information.

| | |
|---|---|
| 姓名 Name | Wáng Jiàn<br>王 健 |
| 年龄 Age | suì<br>26岁 |
| 症状 Symptoms | késou, tóu téng, bù fā//shāo<br>咳嗽、头疼、不发烧 |
| 治疗 Therapy | yào, yì tiān liǎng cì, yí cì sān piàn<br>A药，一天两次，一次三片<br>yào, yì tiān sān cì, yí cì yì píng<br>B药，一天三次，一次一瓶 |
| 建议 Advice | duō hē shuǐ<br>多喝水 |

## （三）任务活动 Mission

每人给老师写一张请假条。

Each student writes a request for leave to the teacher.

**请假条**

| | | | | | |
|---|---|---|---|---|---|
| 姓名<br>Name | | 班级<br>Class | | 学号<br>Student No. | |
| 请假时间<br>Leave period | nián yuè rì<br>年 月 日—— nián yuè rì<br>年 月 日 | | | | |
| 请假理由<br>Reason for absence | 签字 Signature：<br>年 月 日 | | | | |

## 七、语音 Phonetics

1. 朗读音节和词语，注意f和h的发音。

Read the syllables and words aloud, and pay attention to the pronunciation of “f” and “h”.

| | | | |
|---|---|---|---|
| fā　hā<br>发—哈 | fěn　hěn<br>粉—狠 | fù　hù<br>付—户 | fáng　háng<br>房—行 |
| fā//huǒ<br>发火 | fǎnhuí<br>返回 | fēnhào<br>分号 | fēnghán<br>风寒 |

2. 朗读句子，注意f和h的发音。

Read the sentences aloud, and pay attention to the pronunciation of “f” and “h”.

(1) Nǐ háishi bù shūfu ma?
你 还是 不 舒服 吗？

(2) Nǐ huì shuō Fǎyǔ ma?
你 会 说 法语 吗？

(3) Zánmen qù fànguǎnr chī fàn, hǎo bu hǎo?
咱们 去 饭馆儿 吃 饭，好 不 好？

## 八、文化 Culture

在中国，医院常常采用中医和西医两种疗法。中医可以通过中药、针灸、按摩等手段来治疗疾病。中医和西医各有各的长处，目前很多医院会将这两种疗法结合使用。

In China, hospitals often adopt both traditional Chinese medicine and Western medicine. Doctors of traditional Chinese medicine can cure diseases by means of Chinese herbal medicines, acupuncture and massage. Traditional Chinese medicine and Western medicine both have their own advantages. At present, many hospitals combine these two kinds of therapies.

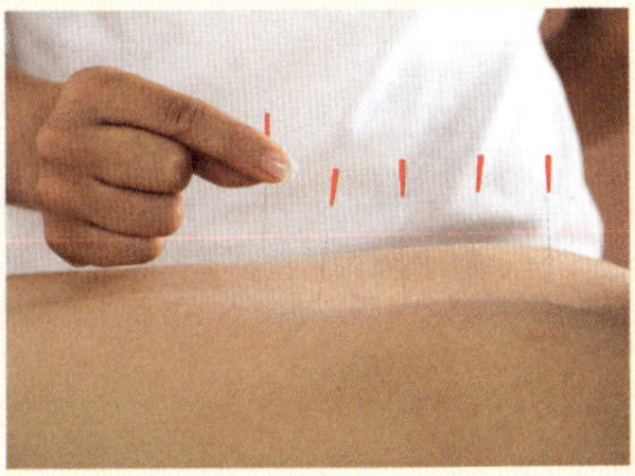
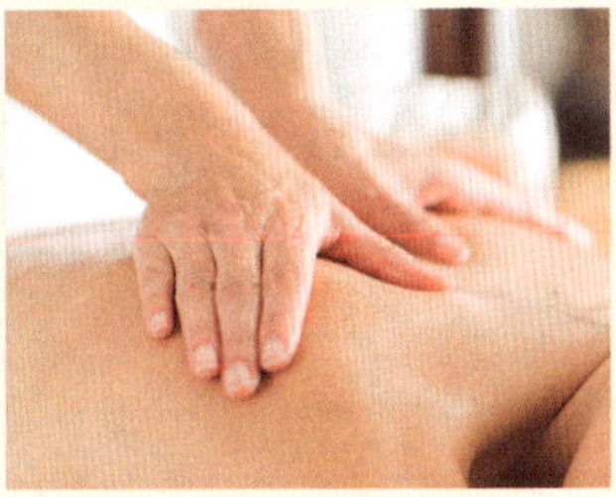

7

Wǒ zhèngzài pǎo//bù ne

# 我正在跑步呢

I'm jogging

- **功能 Functions:**

  约会
  To make an appointment

  表示同意
  To agree

  表示拒绝
  To refuse

- **语言点 Grammar:**

  动作的进行
  Action in progress

  介词“给”
  Preposition “给”

  能愿动词“得（děi）”
  Volitive auxiliary “得 (děi)”

## 一、标准句 Standard sentences

| | | |
|---|---|---|
| 67 | Wèi, nǐ hǎo!<br>喂，你好！ | Hello! |
| 68 | Nǐ zài gànmá ne?<br>你在干吗呢？ | What are you doing? |
| 69 | Wǒ zhèngzài pǎo//bù ne.<br>我正在跑步呢。 | I'm jogging. |
| 70 | Wǒ hé Dàwèi dǎsuàn wǎnshang qù kàn qiú.<br>我和大卫打算晚上去看球。 | David and I plan to watch the ball game tonight. |
| 71 | Wǒ xiànzài zài wàibian chī fàn ne.<br>我现在在外边吃饭呢。 | I'm eating outside right now. |
| 72 | Hǎo, bújiàn-búsàn.<br>好，不见不散。 | OK, see you there! |
| 73 | Nǐ hái zài shuì//jiào ma?<br>你还在睡觉吗？ | Are you still sleeping? |
| 74 | Dōu 11 diǎn le.<br>都11点了。 | It's already 11 o'clock. |
| 75 | Zuótiān wǎnshang wǒ gěi nǐ dǎ diànhuà<br>昨天晚上我给你打电话<br>yìzhí méi rén jiē.<br>一直没人接。 | I called you last night, but no one answered. |
| 76 | Nǐ gěi wǒ dǎ diànhuà de shíhou,<br>你给我打电话的时候，<br>wǒ zhèngzài kàn qiú ne.<br>我正在看球呢。 | I was watching the ball game when you called me. |
| 77 | Wǒ děi qù jīchǎng jiē péngyou.<br>我得去机场接朋友。 | I have to go to the airport to pick up my friend. |
| 78 | Wǒmen xià cì zài yuē.<br>我们下次再约。 | Maybe next time. |

## 二、会话 Conversations

1

Nuomin is jogging when Nishida calls her.

Nuòmǐn: Wèi, nǐ hǎo!
诺敏：喂，你好！

Xītián: Nuòmǐn, wǒ shì Xītián. Nǐ zài gànmá ne?
西田：诺敏，我是西田。你在干吗呢？

Nuòmǐn: Wǒ zhèngzài pǎo//bù ne. Yǒu shì ma?
诺敏：我 正在 跑步 呢。有 事 吗？

Xītián: Wǒ hé Dàwèi dǎsuàn wǎnshang qù kàn qiú, nǐ lái ma?
西田：我 和 大卫 打算 晚上 去 看 球，你来吗？

Nuòmǐn: Hǎo a. Shénme shíhou chūfā?
诺敏：好 啊。什么 时候 出发？

Xītián: Wǒ xiànzài zài wàibian chī fàn ne,
西田：我 现在 在 外边 吃 饭 呢，

6 diǎn bàn zài sùshè ménkǒu jiàn, zěnmeyàng?
6 点 半 在 宿舍 门口 见，怎么样？

Nuòmǐn: Hǎo, bújiàn-búsàn.
诺敏：好，不见不散。

2

Dashu comes to Nishida's dormitory on the weekend.

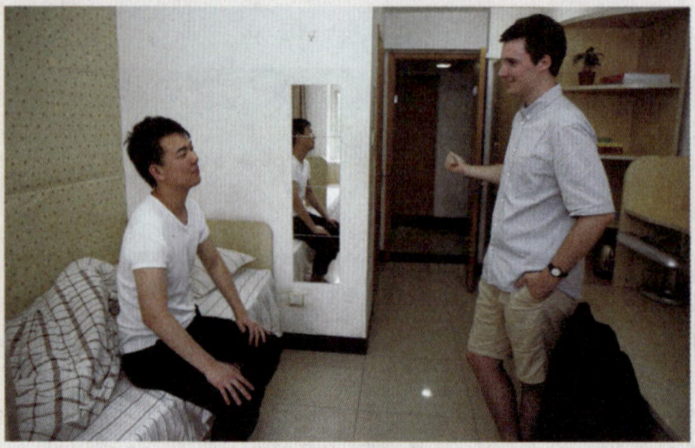

Dàshù: Nǐ hái zài shuì//jiào ma? Dōu 11 diǎn le.
大树：你还在睡觉吗？都11点了。

Xītián: Wǒ zuótiān qù kàn qiú le, shuì de hěn wǎn.
西田：我昨天去看球了，睡得很晚。

Dàshù: Zuótiān wǎnshang wǒ gěi nǐ dǎ diànhuà yìzhí méi rén jiē.
大树：昨天晚上我给你打电话一直没人接。

Xītián: Bù hǎoyìsi, nǐ gěi wǒ dǎ diànhuà de shíhou,
西田：不好意思，你给我打电话的时候，

wǒ zhèngzài kàn qiú ne.
我正在看球呢。

Dàshù: Xiàwǔ liǎng diǎn gēn wǒmen yìqǐ qù dǎ lánqiú ba.
大树：下午两点跟我们一起去打篮球吧。

Xītián: Bùxíng a, wǒ děi qù jīchǎng jiē péngyou.
西田：不行啊，我得去机场接朋友。

Dàshù: Nà hǎo ba, wǒmen xià cì zài yuē.
大树：那好吧，我们下次再约。

## 词语 Words

会话 1 Conversation 1

| | | | | | |
|---|---|---|---|---|---|
| 1 | 喂 | wèi | int. | hello | 喂，你好！ |
| 2 | 在 | zài | adv. | in the process of | 在上课　在跑步 |
| 3 | 干吗 | gànmá | pron. | to do what | 在干吗 |
| 4 | 正在 | zhèngzài | adv. | in the process of | 正在吃饭　正在健身 |
| 5 | 呢 | ne | part. | *modal particle* | 在上班呢　正在睡觉呢 |
| 6 | 事 | shì | n. | thing, matter | 有事　什么事 |
| 7 | 打算 | dǎsuàn | v. | to plan | 打算去上海　打算做什么 |
| 8 | 球 | qiú | n. | ball | 打球　看球 |
| 9 | 出发 | chūfā | v. | to set out | 几点出发　从哪儿出发 |
| 10 | 外边 | wàibian | n. | outside | 在外边　去外边 |
| 11 | 宿舍 | sùshè | n. | dormitory | 在宿舍 |
| 12 | 门口 | ménkǒu | n. | doorway | 在门口　健身房门口 |
| 13 | 不见不散 | bújiàn-búsàn | | to not leave without seeing each other | |

会话 2 Conversation 2

| | | | | | |
|---|---|---|---|---|---|
| 14 | 都 | dōu | adv. | already | 都十点了　都睡觉了 |
| 15 | 晚 | wǎn | adj. | late | 很晚　不晚 |
| 16 | 给 | gěi | prep. | for, to | 给我做饭　给她唱歌 |
| 17 | 打 | dǎ | v. | to call | 打电话　给你打电话 |
| 18 | 一直 | yìzhí | adv. | always, all the time | 一直在中国 |
| 19 | 接 | jiē | v. | to pick up | 接电话　接人 |
| 20 | 不好意思 | bù hǎoyìsi | | sorry | |
| 21 | 不行 | bùxíng | v. | cannot, won't do | |
| 22 | 得 | děi | aux. | need | 得去医院 |
| 23 | 机场 | jīchǎng | n. | airport | 在机场　去机场 |
| 24 | 约 | yuē | v. | to make an appointment | 约朋友　下次再约 |

## 注释 Notes

### 1. “不见不散”

“不见不散”中“见”的意思是“见面”，“散”的意思是“散开、走开”，“不见不散”的意思是如果彼此没有见到面就不能离开。表示双方相约一定要碰面。如：

“见” in “不见不散” means “to meet” and “散” means “to separate, to go away”. “不见不散” means “to not leave without seeing each other”. It shows that the two parties promise to see each other by all means. For example:

A：明天中午12点学校门口见。
Míngtiān zhōngwǔ 12 diǎn xuéxiào ménkǒu jiàn.

B：行，不见不散。
Xíng, bújiàn-búsàn.

### 2. “都”

“都”除了可以表示全部外，还有“已经”的意思，表示时间，这时句尾常加“了”，有加重语气的作用。如：

In addition to meaning “all, both”, “都” can also indicate “already”, referring to time. In such case, the sentence often ends with “了” for emphasis. For example:

（1）我来中国都一年多了。Wǒ lái Zhōngguó dōu yì nián duō le.

（2）都十二点了，别玩儿游戏了，睡觉吧。
Dōu shí'èr diǎn le, bié wánr yóuxì le, shuì//jiào ba.

### 3. “再”

副词“再”表示重复或继续，多用于未实现的动作。如：

The adverb “再”, meaning repetition or continuation, is mostly used for uncompleted actions. For example:

（1）以后再说。Yǐhòu zài shuō.

（2）我想下周再去。Wǒ xiǎng xià zhōu zài qù.

## 三、词语扩展 Vocabulary development

### 1. 常见日常活动 Common daily activities

上课

上班

kāi//huì
开会

kāi//chē
开车

xǐ//zǎo
洗澡

做饭

吃饭

睡觉

健身

sàn//bù
散步

看电视

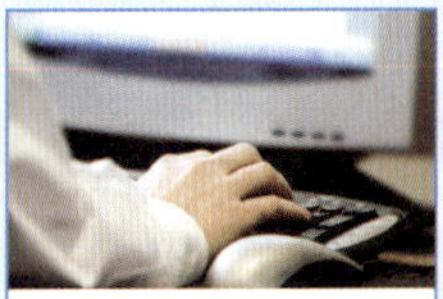

上网

Yours:

### 2. 联系他人的常见方式 Common ways to contact others

dǎ shǒujī
打 手机

fā yóujiàn
发 邮件

fā duǎnxìn
发 短信

fā wēixìn
发 微信

Yours:

## 四、语言点 Grammar

### 1. 动作的进行 Action in progress

表示动作正在进行，可以在动词前加副词“正在”“正”“在”，句尾可以加“呢”。如：

To show an action in progress, you can add an adverb such as “正在”, “正”, or “在” before the verb and end the sentence with “呢”. For example:

| 主语<br>Subject | “正在/正/在”<br>“正在/正/在” | 动词（+宾语）<br>Verb (+Object) | （“呢”）<br>(“呢”) |
|---|---|---|---|
| Tā<br>他 | zhèngzài<br>正在 | kàn qiú<br>看 球 | (ne).<br>（呢）。 |
| Tā<br>他 | zhèn<br>正 | kàn qiú<br>看 球 | (ne).<br>（呢）。 |
| Tā<br>他 | zài<br>在 | kàn qiú<br>看 球 | (ne).<br>（呢）。 |

也可以只在句尾加“呢”。如：

You can also only add “呢” at the end of the sentence. For example:

| 主语<br>Subject | 动词（+宾语）<br>Verb (+Object) | （“呢”）<br>(“呢”) |
|---|---|---|
| Tā<br>他 | kàn qiú<br>看 球 | ne.<br>（呢）。 |

注意 动作的进行可以发生在现在，也可以发生在过去或将来。如：

**Attention:** The action can be carried out at present, in the past or in the future. For example:

（1）昨天我给他打电话的时候，他正在看球呢。
Zuótiān wǒ gěi tā dǎ diànhuà de shíhou, tā zhèngzài kàn qiú ne.

（2）明天下午两点的时候，我正在开会呢。
Míngtiān xiàwǔ liǎng diǎn de shíhou, wǒ zhèngzài kāi//huì ne.

**练习 Practice**

- 他们正在做什么呢?
  What are they doing?

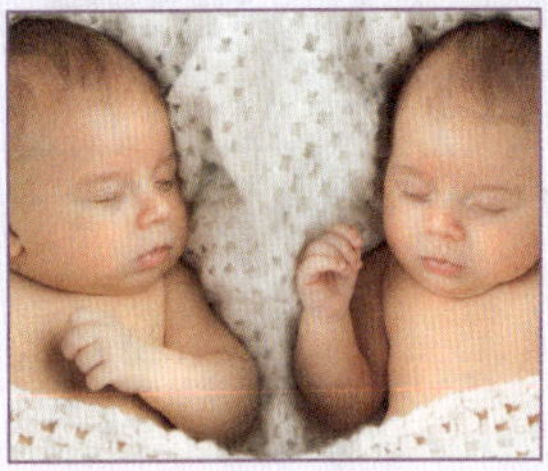

如：他们正在健身呢。Tāmen zhèngzài jiànshēn ne.

## 2. 介词“给” Preposition “给”

介词“给”可以引出动作、行为的接受对象。如：

The preposition “给” can be used to introduce the target of the movement or action. For example:

（1）昨天晚上我给你打电话了。 Zuótiān wǎnshang wǒ gěi nǐ dǎ diànhuà le.

（2）下午我去给妈妈买蛋糕。 Xiàwǔ wǒ qù gěi māma mǎi dàngāo.

**练习 Practice**

- 他在给谁打电话？

  Who is he calling?

如：他在给朋友打电话。Tā zài gěi péngyou dǎ diànhuà.

### 3. 能愿动词"得（děi）" Volitive auxiliary "得（děi）"

能愿动词"得（děi）"表示事实上或意志上的必要，用于口语。不能单独回答问题。"得（děi）"的否定式是"不用（búyòng）"，不说"不得（děi）"。如：

The volitive auxiliary "得 (děi)" indicates a necessity based on the fact or the will. It is seen in spoken Chinese and cannot be used to answer questions independently. The negative form is "不用 (búyòng)" instead of "不得 (děi)". For example:

（1）我得去医院。Wǒ děi qù yīyuàn.

（2）周末他也得上班。Zhōumò tā yě děi shàng//bān.

（3）明天他不用上课。Míngtiān tā búyòng shàng//kè.

## 练习 Practice

- 选词填空

  Choose the right words to fill in the blanks.

能　　得

（1）您最近身体不太好，（　　）多休息。

（2）你（　　）吃辣的菜吗？

（3）他发烧了，不（　　）去上班了。

（4）我没有钱了，下午（　　）去银行。

## 五、替换表达 Alternative expressions

Nǐ zài gànmá ne?
1. A：你在干吗呢？

Wǒ zhèngzài pǎo//bù ne.
B：我正在跑步呢。

shuì//jiào
睡觉
zuò fàn
做饭
kàn diànyǐng
看电影
dǎ lánqiú
打篮球

Nǐ gěi wǒ dǎ diànhuà de shíhou, wǒ zhèngzài kàn qiú ne.
2. A：你给我打电话的时候，我正在看球呢。

| | |
|---|---|
| māma 妈妈 | kàn diànshì 看电视 |
| bàba 爸爸 | dǎ wǎngqiú 打网球 |
| lǎoshī 老师 | chī fàn 吃饭 |
| tā 他 | děng tā 等他 |

Nǐ néng lái ma?
3. A：你能来吗？
Bùxíng a! Wǒ děi qù jīchǎng jiē péngyou.
B：不行啊！我得去机场接朋友。

qù túshūguǎn kàn shū
去图书馆看书
qù xuéxiào tī zúqiú
去学校踢足球
qù tóngxué jiā kàn qiú
去同学家看球
qù xuéxiào shàng//kè
去学校上课

## 六、课堂活动 Class activities

### （一）小组活动 Group activities

1. 几人一组，每组一位同学从以下动作中挑选一个进行表演，其他同学猜他/她正在做什么。

Work in groups of several students. Student A performs one of the actions below and the other students guess what he/she is doing.

| | | | |
|---|---|---|---|
| kàn qiú<br>看 球 | dǎ lánqiú<br>打 篮球 | shuì//jiào<br>睡觉 | shàng//kè<br>上课 |
| huá//xuě<br>滑雪 | chàng gē<br>唱 歌 | chī fàn<br>吃 饭 | dǎ diànhuà<br>打 电话 |
| dǎsǎo fángjiān<br>打扫 房间 | gōngzuò<br>工作 | dǎ yǔmáoqiú<br>打 羽毛球 | shàng//wǎng<br>上网 |
| kàn diànyǐng<br>看 电影 | zuò fàn<br>做 饭 | jiànshēn<br>健身 | |

如：他/她正在看球呢。Tā zhèngzài kàn qiú ne.

2. 两人一组，根据实际情况问答，看看今天和上个星期六各自的时间安排有什么不同。

Work in pairs. Ask and answer questions according to reality to see the differences in schedules of today and last Saturday.

| | 今天 | 上个星期六 |
|---|---|---|
| 7:30 | 吃早饭 chī zǎofàn | 睡觉 shuì//jiào |
| 9:15 | | |

| | 今天 | 上个星期六 |
|---|---|---|
| 12:00 | | |
| 15:00 | | |
| 20:00 | | |
| 23:00 | | |

如：A：今天早上七点半的时候，你在做什么呢？
Jīntiān zǎoshang qī diǎn bàn de shíhou, nǐ zài zuò shénme ne?
B：我在吃早饭呢。
Wǒ zài chī zǎofàn ne.

## （二）看图说话 Talk about the pictures

根据下面的图片完成对话。

Finish the dialogue according to the pictures below.

Wèi, nǐ hǎo!
A：喂，你好！

nǐ zěnme hái méi Dōu
B：__________，你怎么还没__________？都__________！

Wǒ zuótiān wǎnshang
A：我昨天晚上______________________________。

zěnmeyàng?
B：______________________________，怎么样？

zánmen jǐ diǎn jiàn?
A：__________，咱们几点见？

B：______________________________？

Hǎo, bújiàn-búsàn!
A：好，不见不散！

## （三）任务活动 Mission

在全班范围内相约做一件事，每人拒绝一个邀请，接受一个邀请。

Make appointments in the whole class. Each student accepts an invitation and refuses one.

## 七、语音 Phonetics

1. 朗读音节和词语，注意r和l的发音。

Read the syllables and words aloud, and pay attention to the pronunciation of "r" and "l".

| | | | |
|---|---|---|---|
| rán lán<br>然 — 蓝 | ràng làng<br>让 — 浪 | rè lè<br>热 — 乐 | rù lù<br>入 — 路 |
| rìlì<br>日历 | rénlèi<br>人类 | rèlèi<br>热泪 | rèliè<br>热烈 |

2. 朗读句子，注意r和l的发音。

Read the sentences aloud, and pay attention to the pronunciation of "r" and "l".

（1）Wǒ de fángjiān bù lěng, hěn rè.
我 的 房间 不 冷，很 热。

（2）Nǐ de lǎoshī shì Rìběnrén háishi Zhōngguórén?
你 的 老师 是 日本人 还是 中国人？

（3）Nǐ rènshi nà liǎng gè Rìběn xuéshēng ma?
你 认识 那 两 个 日本 学生 吗？

## 八、文化 Culture

随着生活水平和生活质量的提升，越来越多的中国人开始注重健身。年轻人常常会选择跑步、游泳、打球、练瑜伽等运动方式，老年人大多会练练太极拳、跳跳广场舞。

With the improvement of their living standards and quality of life, more and more Chinese begin to focus on bodybuilding. Young people often choose running, swimming, ball games, yoga and other sports, while the elderly mostly practice *taijiquan* or go square dancing.

# 8 Jīntiān tiānqì zhēn rè!
# 今天天气真热！
It is so hot today!

- **功能 Functions:**

  自夸
  To boast

  表示抱怨
  To complain

  表示担忧
  To express concern

- **语言点 Grammar:**

  “比”字句
  “比” scntcncc

  “多”表概数
  “多” indicating an approximate number

## 一、标准句 Standard sentences

| | | |
|---|---|---|
| 79 | Jīntiān tiānqì zhēn rè!<br>今天 天气 真 热！ | It is so hot today! |
| 80 | Nàr bǐ Běijīng liángkuai.<br>那儿比北京 凉快。 | It's cooler than Beijing. |
| 81 | Tīngshuō Mòsīkē de dōngtiān lěngjí le.<br>听说 莫斯科的 冬天 冷极了。 | I've heard that winter in Moscow is very cold. |
| 82 | (Mòsīkē) bǐ Běijīng lěngduō le.<br>（莫斯科）比北京 冷多 了。 | (Moscow) is much colder than Beijing. |
| 83 | Dàgài duōshao dù?<br>大概 多少 度？ | What is the temperature? |
| 84 | Zuì dī qìwēn líng xià èrshí duō dù.<br>最低气温 零 下 二十 多 度。 | The lowest temperature is more than 20 degrees below zero. |
| 85 | Wǒ dōngtiān hái zài wàibian yóuguo yǒng ne!<br>我 冬天 还 在 外边 游过 泳 呢！ | I once swam outside in winter! |
| 86 | Nǐ kàn, yòu xià yǔ le.<br>你看，又下雨了。 | Look, it is raining again. |
| 87 | Jīnnián de yǔ bǐ qùnián duōduō le.<br>今年 的雨比去年 多多 了。 | It rains much more this year than last year. |
| 88 | Nǐ kàn tiānqì yùbào le ma?<br>你看 天气 预报了吗？ | Have you watched the weather forecast? |
| 89 | Míngtiān tiānqì zěnmeyàng?<br>明天 天气 怎么样？ | What will the weather be like tomorrow? |
| 90 | Tiānqì yùbào shuō, míngtiān de yǔ<br>天气 预报 说，明天 的雨<br>bǐ jīntiān gèng dà.<br>比今天 更 大。 | According to the weather forecast, the rain will be heavier tomorrow than today. |

## 二、会话 Conversations

1

Dashu and Aihua are chatting with each other while walking.

Àihuá: Jīntiān tiānqì zhēn rè!
爱华：今天 天气 真 热！

Dàshù: Shì a. Mòsīkē de xiàtiān yě hěn rè ma?
大树：是啊。莫斯科的 夏天 也 很 热 吗？

Àihuá: Nàr bǐ Běijīng liángkuai.
爱华：那儿 比 北京 凉快。

Dàshù: Tīngshuō Mòsīkē de dōngtiān lěngjí le, shì ma?
大树：听说 莫斯科的 冬天 冷极了，是 吗？

Àihuá: Shì, bǐ Běijīng lěngduō le.
爱华：是，比 北京 冷 多 了。

Dàshù: Dàgài duōshao dù?
大树：大概 多少 度？

Àihuá: Zuì dī qìwēn líng xià èrshí duō dù, búguò wǒmen xíguàn le,
爱华：最 低 气温 零 下 二十 多 度，不过 我们 习惯 了，

bú pà lěng. Wǒ dōngtiān hái zài wàibian yóuguo yǒng ne!
不 怕 冷。我 冬天 还 在 外边 游过 泳 呢！

2

Wang Xiaotian is chatting with his friend.

Wáng Xiǎotiān: Nǐ kàn, yòu xià yǔ le!
王小天：你看，又下雨了！

péngyou: Shì a, zuìjìn chángcháng xià yǔ.
朋友：是啊，最近 常常 下雨。

Wáng Xiǎotiān: Jīnnián de yǔ bǐ qùnián duōduō le.
王小天：今年 的雨比去年 多多了。

péngyou: Nǐ kàn tiānqì yùbào le ma? Míngtiān tiānqì zěnmeyàng?
朋友：你看天气预报了吗？明天 天气 怎么样？

Wáng Xiǎotiān: Tiānqì yùbào shuō, míngtiān de yǔ bǐ jīntiān gèng dà.
王小天：天气 预报 说，明天 的雨比今天 更 大。

péngyou: Nà zánmen míngtiān de zúqiú bǐsài zěnme bàn a?
朋友：那 咱们 明天 的足球比赛怎么 办啊？

Wáng Xiǎotiān: Nà zhǐ néng xià zhōu zài bǐ le.
王小天：那只 能 下 周 再比了。

## 词语 Words

会话 1 Conversation 1

| | | | | | |
|---|---|---|---|---|---|
| 1 | 天气 | tiānqì | n. | weather | 天气很好　好天气 |
| 2 | 热 | rè | adj. | hot | 很热　天气真热 |
| 3 | 夏天 | xiàtiān | n. | summer | 夏天很热 |
| 4 | 比 | bǐ | prep. | than | 我比他大 |
| 5 | 凉快 | liángkuai | adj. | cool | 今天很凉快　真凉快 |
| 6 | 听说 | tīngshuō | v. | to hear of | 你听说了吗　听说明天很热 |
| 7 | 冬天 | dōngtiān | n. | winter | 冬天很冷　喜欢冬天 |
| 8 | ……极了 | ……jí le | | extremely | 冷极了　好极了 |
| 9 | 大概 | dàgài | adv. | roughly, approximately | 大概几点　大概20度 |
| 10 | 最 | zuì | adv. | most, -est | 最好　最多 |
| 11 | 低 | dī | adj. | low | 很低 |
| 12 | 气温 | qìwēn | n. | temperature | 最低气温　最高气温 |
| 13 | 零下 | líng xià | | below zero | 零下一度　零下十度 |
| 14 | 多 | duō | num. | over, more than | 二十多岁　十点多 |
| 15 | 习惯 | xíguàn | v. | to be accustomed to | 习惯了　不习惯 |

会话 2 Conversation 2

| | | | | | |
|---|---|---|---|---|---|
| 16 | 又 | yòu | adv. | again | 又来了　又没来 |
| 17 | 下 | xià | v. | to fall | |
| 18 | 雨 | yǔ | n. | rain | 下雨了　雨很大 |
| 19 | 常常 | chángcháng | adv. | frequently | |
| 20 | 预报 | yùbào | n. | forecast | 天气预报 |
| 21 | 更 | gèng | adv. | more, -er | 更热　更好 |
| 22 | 比赛 | bǐsài | n. | match, game | 足球比赛　看比赛 |
| 23 | 怎么办 | zěnme bàn | | what to do | |
| 24 | 周 | zhōu | n. | week | 这周　下周 |
| 25 | 比 | bǐ | v. | to compete | 什么时候比　跟谁比 |

专名 Proper noun

| | | |
|---|---|---|
| 莫斯科 | Mòsīkē | Moscow |

## 注释 Notes

### 1. “……极了”

“极了”在形容词或一些心理动词后表示最高程度。如：

“极了” follows an adjective or a psychological verb to mean the highest degree. For example:

（1）她漂亮极了。Tā piàoliang jí le.

（2）我喜欢极了。Wǒ xǐhuan jí le.

### 2. “又”

副词“又”表示重复或继续，指相同的动作或情况，多用于已实现的动作。如：

The adverb “又” indicates the repetition or continuation of an action or a situation. It is often used to describe actions that have been finished. For example:

（1）他又没来。Tā yòu méi lái.

（2）你又买苹果了？Nǐ yòu mǎi píngguǒ le?

## 三、词语扩展 Vocabulary development

### 1. 季节和感受 Seasons and feelings

nuǎnhuo
暖和

热

jìjié
季节

chūntiān
春天

夏天

qiūtiān
秋天

冬天

凉快

冷

### 2. 常见天气现象 Common weather phenomena

qíng (tiān)
晴 （天）

yīn (tiān)
阴 （天）

下雨

xià xuě
下 雪

guā fēng
刮 风

Other weather phenomena:

## 四、语言点 Grammar

### 1.“比”字句 “比”sentence

“比”字句可以表示比较二者之间的性质、特点等。如：

The “比” sentence can be used to compare the nature or features of two things. For example:

| 基本格式 Basic format | 例句 Example |
|---|---|
| A+“比”+B+形容词<br>A+“比”+B+Adjective | Mòsīkē bǐ Běijīng liángkuai.<br>莫斯科 比 北京 凉快。 |
| A+“比”+B+形容词+“多了/得多”<br>A+“比”+B+Adjective+“多了/得多” | Mòsīkē bǐ Běijīng liángkuai duō le.<br>莫斯科比 北京 凉快 多 了。<br>Mòsīkē bǐ Běijīng liángkuai de duō.<br>莫斯科比 北京 凉快 得 多。 |
| A+“比”+B+“更”+形容词<br>A+“比”+B+“更”+Adjective | Mòsīkē bǐ Běijīng gèng lěng.<br>莫斯科 比 北京 更 冷。 |

注意 “比”字句中的形容词前不能再用“很”“非常”“太”等程度副词。如：

**Attention:** The adjective in the “比” sentence cannot be preceded by an adverb of degree such as “很”, “非常”, and “太”. For example:

（×）莫斯科比北京很凉快。Mòsīkē bǐ Běijīng hěn liángkuai.

“比”字句的否定式是把“比”改为“没有”，基本格式：A+“没（有）”+B+形容词。如：

The negative form of the “比” sentence is made by changing “比” into “没有”. The basic format is: **A+“没（有）”+B+adjective**. For example:

北京没（有）莫斯科冷。Běijīng méi (yǒu) Mòsīkē lěng.

**练习** **Practice**

- 用"比"字句说明下表内容。

  Talk about the following chart with "比" sentences.

| | 莫斯科 | 北京 |
|---|---|---|
| 春天 | 18℃ | 23℃ |
| 夏天 | 28℃ | 31℃ |
| 秋天 | 1℃ | 10℃ |
| 冬天 | −10℃ | 2℃ |

## 2. "多"表概数 "多" indicating an approximate number

"多"用在数词或数量词后，表示比前面的数目略多，有零头。"多"的位置有两种：

When used after a numeral or measure word, "多" means that the number is slightly bigger than the one mentioned and has odds. "多" can be put in two places:

| 基本格式<br>Basic format | 意义<br>Meaning | 例子<br>Example |
|---|---|---|
| 数词+"多"+量词+名词<br>Numeral + "多" + Measure word + Noun | 数词为十位以上的整数，"多"表示整位数以下的零数<br>If the numeral is a round number, "多" indicates the single digit number. | 二十多度 èrshí duō dù<br>（可能是 21 度、22 度……）<br>一百多个人 yìbǎi duō gè rén<br>（可能是 101 人、102 人……） |
| 数词+量词+"多"+名词<br>Numeral + Measure word + "多" + Noun | 数词为个位数或带个位数的多位数，"多"表示个位数以下的零数<br>If the numeral is a single digit number or a number with many digits, "多" refers to the fractional amount. | 三岁多 sān suì duō<br>（可能三岁零一天、三岁半……）<br>五十六块多钱 wǔshíliù kuài duō qián<br>（可能是 56.1 块、56.2 块……） |

注意　数词是“十”的时候，“多”既可以出现在量词前也可以出现在量词后，但是意思不同，如：

**Attention:** When the numeral is “十”, “多” can appear either before or after the measure word, with different meanings though. For example:

十多块（可能是11块、12块……）

十块多（可能是10.1块、10.2块……）

## 练习 Practice

- 用“多”说出下面的数量
  Say the following numbers with “多”.

| | | |
|---|---|---|
| suì<br>12岁 | 5:08 | tiān<br>370天 |
| cì<br>1001次 | mǐ<br>550米 | dù<br>39.5度 |
| suì　gè yuè<br>10岁+3个　月 | rén<br>10245人 | |

## 五、替换表达 Alternative expressions

Jīntiān tiānqì zhēn rè! Shì a.
1. A：今天 天气 真 热！ B：是 啊。

lěng
冷
nuǎnhuo
暖和
liángkuai
凉快
hǎo
好

Nàr bǐ Běijīng liángkuai.
2. A：那儿 比 北京 凉快。

| | | |
|---|---|---|
| tā 他 | wǒ 我 | dà 大 |
| jīntiān 今天 | zuótiān 昨天 | rè 热 |
| píngguǒ 苹果 | xiāngjiāo 香蕉 | piányi 便宜 |
| dǎ wǎngqiú 打 网球 | dǎ yǔmáoqiú 打 羽毛球 | nán 难 |

Nǐ kàn, yòu xià yǔ le!
3. A：你 看，又 下 雨 了！

xià xuě
下 雪
guā fēng
刮 风
yīn tiān
阴 天
xià dàyǔ
下 大雨

## 六、课堂活动 Class activities

### （一）小组活动 Group activities

1. 两人一组，互相用“比”字句恭维对方。

Work in pairs and compliment each other with “比” sentences.

如：你比我高。Nǐ bǐ wǒ gāo.

2. 几人一组，先查一查以下城市明天的天气，然后进行比较，每组至少说10个比较句。

Work in groups of several students. Check tomorrow’s weather of the following cities and make a comparison. Say at least ten comparative sentences each group.

| | 城市 | 天气 |
|---|---|---|
| 1 | 北京（Běijīng, Beijing） | |
| 2 | 莫斯科（Mòsīkē, Moscow） | |
| 3 | 悉尼（Xīní, Sydney） | |
| 4 | 曼谷（Màngǔ，Bangkok） | |
| 5 | 伦敦（Lúndūn, London） | |

### （二）看图说话 Talk about the pictures

看天气预报图，说说上海最近的天气。

Look at the weather forecast chart and talk about the weather of Shanghai in the following days.

| 上海 Shànghǎi | | |
|---|---|---|
| míngtiān<br>明天 |  | 8℃～13℃ |
| hòutiān<br>后天 |  | 4℃～8℃ |
| dàhòutiān<br>大后天 |  | 5℃～10℃ |

### （三）任务活动 Mission

对比北京和你的家乡或其他地方。

Compare Beijing with your hometown or other places.

如：北京的冬天比……冷多了。
Běijīng de dōngtiān bǐ …… lěngduō le.

## 七、语音 Phonetics

1. 朗读音节和词语，注意儿化韵的发音。
Read the syllables and words aloud, and pay attention to the pronunciation of the retroflex -r.

| | | |
|---|---|---|
| zhè zhèr<br>这 — 这儿 | nǎ nǎr<br>哪 — 哪儿 | xià xiàr<br>下 — 下儿 |
| tóu tóur<br>头 — 头儿 | bāo bāor<br>包 — 包儿 | yǎn yǎnr<br>眼 — 眼儿 |
| gài gàir<br>盖 — 盖儿 | jiān jiānr<br>尖 — 尖儿 | huà huàr<br>画 — 画儿 |

2. 朗读句子，注意儿化韵的发音。
Read the sentences aloud, and pay attention to the pronunciation of the retroflex -r.

（1）Wǒ hěn xǐhuan huà huàr.
我 很 喜欢 画 画儿。

（2）Nà nǐ jǐ diǎn qù nàr?
那 你几 点 去那儿？

（3）Wǒ juéde jiǔ diǎn qù yǒudiǎnr wǎn.
我 觉得九 点 去 有点儿 晚。

## 八、文化 Culture

中国幅员辽阔，地形复杂，因而各地气候差别很大。但多数地方四季分明，基本气候特点是冬天寒冷干燥，夏天炎热多雨。

With China's vast territory and complicated terrain, the climate varies greatly from place to place. However, most parts have four distinctive seasons, and the basic climate is characterized by cold and dry winter, and hot and rainy summer.

# 复习 2 Review 2

一、看图片，判断图片内容是否与提示词一致，并朗读词语。
Judge whether the pictures accord with the words/phrases and read the words/phrases aloud.

| | | | |
|---|---|---|---|
| 1 |  | zuò fàn<br>做 饭 | ✓ |
| 2 |  | xiàtiān<br>夏天 | |
| 3 |  | chī yào<br>吃 药 | |
| 4 |  | dǎ diànhuà<br>打 电话 | |
| 5 |  | huá//xuě<br>滑雪 | |
| 6 |  | xià yǔ<br>下 雨 | |

## 二、看问题，选择正确的回答，并朗读。

Choose the right answers to the questions and read them aloud.

| | | |
|---|---|---|
| Nǐ zài gànmá ne?<br>1. 你在 干吗 呢？ | F | Wǒ qù tóngxué jiā le.<br>A. 我 去 同学 家了。 |
| Zhōumò nǐ qù nǎr le?<br>2. 周末 你去哪儿了？ | | Bùxíng a, wǒ děi qù yīyuàn.<br>B. 不行 啊，我 得 去 医院。 |
| Nǐ nǎr bù shūfu?<br>3. 你哪儿不舒服？ | | Wǒ méi kàn, nǐ kàn le ma?<br>C. 我 没 看，你 看 了 吗？ |
| Xiàwǔ wǒ qǐng nǐ kàn diànyǐng ba.<br>4. 下午 我 请 你看 电影 吧。 | | Bǐ jīntiān hǎo, bú xià yǔ.<br>D. 比 今天 好，不下 雨。 |
| Nǐ kàn tiānqì yùbào le ma?<br>5. 你 看 天气 预报 了 吗？ | | Wǒ tóu téng, sǎngzi téng.<br>E. 我 头 疼，嗓子 疼。 |
| Míngtiān tiānqì zěnmeyàng?<br>6. 明天 天气 怎么样？ | | Wǒ zà pǎo//bù ne.<br>F. 我 在 跑步 呢。 |

## 三、看句子，选择正确的词语填空，并朗读。

Choose the correct words to fill in the blanks and read the sentences aloud.

duō　　yǒudiǎnr　　le　　gèng　　ba
A. 多　B. 有点儿　C. 了　D. 更　E. 吧

Zhōumò nǐ qù nǎr
1. 周末 你去哪儿（ C ）？

Wǒ háishi zìjǐ xué zuò fàn
2. 我 还是自己学 做 饭（　　）。

Wǒ　　bù shūfu.
3. 我（　　）不 舒服。

Nǐ zài fā//shāo, děi　　hē shuǐ.
4. 你 在 发烧，得（　　）喝 水。

Tiānqì yùbào shuō, míngtiān de yǔ bǐ jīntiān　　dà.
5. 天气 预报 说，明天 的雨比 今天（　　）大。

| zhèngzài | děi | zài | bǐ | de |
| --- | --- | --- | --- | --- |
| F. 正在 | G. 得 | H. 再 | I. 比 | J. 得 |

Wǒ chàng gē chàng bú tài hǎo.
6. 我 唱 歌 唱（ ）不太 好。

Wǒ jiànshēn ne.
7. 我（ ）健身 呢。

Wǒ qù shàng//kè.
8. 我（ ）去 上课。

Nà wǒmen xià cì yuē.
9. 那 我们 下次（ ）约。

Mòsīkē de dōngtiān Běijīng lěngduō le.
10. 莫斯科的 冬天（ ）北京 冷多 了。

## 四、回答问题。

Answer the questions.

Shàng gè xīngqītiān nǐ dōu gàn shénme le?
1. 上 个 星期天 你 都 干 什么 了？

Zuótiān wǎnshang bā diǎn de shíhou, nǐ zài zuò shénme ne?
2. 昨天 晚上 八 点 的 时候，你 在 做 什么 呢？

Zuótiān nǐ gěi shéi dǎ diànhuà le?
3. 昨天 你 给 谁 打 电话 了？

Nǐ zhège zhōumò dǎsuàn qù nǎr?
4. 你 这个 周末 打算 去哪儿？

Zuótiān nǐ kàn tiānqì yùbào le ma?
5. 昨天 你 看 天气 预报 了 吗？

Nǐ gèng xǐhuan xiàtiān háishi dōngtiān?
6. 你 更 喜欢 夏天 还是 冬天？

Běijīng de xiàtiān rè bu rè?
7. 北京 的 夏天 热不热？

Běijīng de dōngtiān lěng ma?
8. 北京 的 冬天 冷 吗？

Jīntiān tiānqì hǎo háishi zuótiān tiānqì hǎo?
9. 今天 天气 好 还是 昨天 天气 好？

Jīntiān duōshao dù?
10. 今天 多少 度？

## 五、两人一组，看图模拟对话。

Work in pairs to make dialogues according to the pictures.

# 标准句索引 Index of standard sentences

| No. | Sentence | English | Lesson |
|---|---|---|---|
| 1 | Nǐ xiǎng chī bāozi háishi jiǎozi?<br>你想吃包子还是饺子? | Would you like to eat steamed stuffed buns or dumplings? | 1 |
| 2 | Wǒ dōu bù xiǎng chī.<br>我都不想吃。 | I would like to eat neither of them. | 1 |
| 3 | Zánmen chī miàntiáor ba.<br>咱们吃面条儿吧。 | Let's eat noodles. | 1 |
| 4 | Wǒ zuìjìn měi tiān dōu chī miàntiáor.<br>我最近每天都吃面条儿。 | I've been eating noodles every day recently. | 1 |
| 5 | Nà nǐ xiǎng chī shénme?<br>那你想吃什么? | What would you like to eat? | 1 |
| 6 | Chī bǐsà, zěnmeyàng?<br>吃比萨，怎么样? | How about pizza? | 1 |
| 7 | Hǎo zhǔyi.<br>好主意。 | Good idea. | 1 |
| 8 | Jīntiān tèjià.<br>今天特价。 | There are special offers today. | 1 |
| 9 | Huānyíng guānglín!<br>欢迎光临! | Welcome! | 1 |
| 10 | Qǐngwèn, nín xiǎng hē diǎnr shénme?<br>请问，您想喝点儿什么? | What would you like to drink, please? | 1 |
| 11 | Wǒ yào yì bēi hóngchá.<br>我要一杯红茶。 | I want a cup of black tea. | 1 |
| 12 | Nín shuā//kǎ háishi fù xiànjīn?<br>您刷卡还是付现金? | Card or cash? | 1 |
| 13 | Wǒ zhù 11 céng, 1107.<br>我住11层，1107。 | I live in 1107 on the 11th floor. | 2 |
| 14 | Hěn gāoxìng rènshi nǐ!<br>很高兴认识你! | Nice to meet you! | 2 |
| 15 | Rènshi nǐ wǒ yě hěn gāoxìng!<br>认识你我也很高兴! | Nice to meet you, too! | 2 |
| 16 | Tā yǎnjing zhēn dà!<br>它眼睛真大! | Its eyes are so big! | 2 |

| | | | |
|---|---|---|---|
| 17 | Bié dān//xīn!<br>别 担心！ | Don't worry! | 2 |
| 18 | Wǒ hěn xǐhuan xiǎo māo, xiǎo gǒu.<br>我 很 喜欢 小 猫、小 狗。 | I love small cats and dogs. | 2 |
| 19 | Bà-mā shēntǐ zěnmeyàng?<br>爸妈 身体 怎么样？ | How have Mom and Dad been? | 2 |
| 20 | Bà-mā shēntǐ dōu hěn hǎo.<br>爸妈 身体 都 很 好。<br>Nǐ fàng//xīn ba!<br>你 放心 吧！ | Mom and Dad have been fine. Don't worry! | 2 |
| 21 | Duìle, wǒ xiǎng kàn nǐ xīn<br>对了，我 想 看 你 新<br>nánpéngyou de zhàopiàn.<br>男朋友 的 照片。 | By the way, I want to have a look at your new boyfriend's photo. | 2 |
| 22 | Tā gōngzuò máng bu máng?<br>他 工作 忙 不 忙？ | Is he busy with work? | 2 |
| 23 | Tā gōngzuò fēicháng máng,<br>他 工作 非常 忙，<br>zhōumò yě bù xiūxi.<br>周末 也不休息。 | He is very busy. He doesn't rest even on weekends. | 2 |
| 24 | Nǐ xǐhuan chàng gē ma?<br>你 喜欢 唱 歌吗？ | Do you like singing? | 3 |
| 25 | Wǒ xǐhuan tīng gē, chàng gē<br>我 喜欢 听 歌，唱 歌<br>chàng de bú tài hǎo.<br>唱 得不太好。 | I like listening to music, but I do not sing well. | 3 |
| 26 | Nǐ yǒu shénme àihào?<br>你 有 什么 爱好？ | What hobbies do you have? | 3 |
| 27 | Wǒ yě xǐhuan wǎngqiú,<br>我 也 喜欢 网球，<br>búguò wǒ bú huì dǎ.<br>不过 我 不 会 打。 | I also love tennis, but I don't know how to play it. | 3 |
| 28 | Wǒ jiāo nǐ.<br>我 教 你。 | I'll teach you. | 3 |
| 29 | Qǐng jìn.<br>请 进。 | Come in, please. | 3 |

| | | | |
|---|---|---|---|
| 30 | Nǐ de tècháng shì shénme?<br>你的 特长 是 什么？ | What are your special skills? | 3 |
| 31 | Wǒ huì shuō sì zhǒng yǔyán.<br>我 会 说 四 种 语言。 | I speak four languages. | 3 |
| 32 | Nǐ huì chàng hànyǔgē ma?<br>你会 唱 汉语歌 吗？ | Can you sing Chinese songs? | 3 |
| 33 | Chúle zhèxiē, nǐ hái yǒu<br>除了 这些，你还 有<br>shénme tècháng?<br>什么 特长？ | What other special talents do you have besides these? | 3 |
| 34 | Nǐ qùguo Shànghǎi ma?<br>你去过 上海 吗？ | Have you ever been to Shanghai? | 4 |
| 35 | Jiàqī wǒmen yìqǐ qù Shànghǎi ba.<br>假期 我们一起 去 上海 吧。 | Let's go to Shanghai during the holiday. | 4 |
| 36 | Wǒ yǐqián qùguo Shànghǎi.<br>我 以前 去过 上海。 | I've been to Shanghai before. | 4 |
| 37 | Hángzhōu wǒ yě qùguo.<br>杭州 我也 去过。 | I've also been to Hangzhou. | 4 |
| 38 | Nǐ qùguo de dìfang zhēn duō a!<br>你 去过 的 地方 真 多啊！ | You've been to so many places! | 4 |
| 39 | Zánmen zhōngwǔ dìng wàimài ba.<br>咱们 中午 订 外卖 吧。 | Let's order a takeaway for lunch. | 4 |
| 40 | Wǒ shàng//wǎng kànkan.<br>我 上网 看看。 | Let me check it online. | 4 |
| 41 | Bié dìng zhè jiā.<br>别 订 这 家。 | Don't choose this restaurant. | 4 |
| 42 | Wǒ hái méi chīguo ne.<br>我 还 没 吃过 呢。 | I've never eaten it before. | 4 |
| 43 | Kěyǐ shìshi.<br>可以试试。 | We can have a try. | 4 |
| 44 | Zhōumò nǐ qù nǎr le?<br>周末 你去哪儿了？ | Where did you go on the weekend? | 5 |
| 45 | Wǒ gēn tóngxué yìqǐ qù jiāoqū<br>我 跟 同学 一起去郊区<br>huá//xuě le.<br>滑雪 了。 | I went skiing in the suburb with my classmate. | 5 |

| | | | |
|---|---|---|---|
| 46 | Nǐ bú pà shuāi jiù xíng.<br>你不怕 摔 就 行。 | It's OK as long as you are not afraid of falling down. | 5 |
| 47 | Xià cì wǒ qǐng nǐ qù.<br>下次我 请 你去。 | I'll treat you next time. | 5 |
| 48 | Wǒ xiǎngxiang ba.<br>我 想想 吧。 | I'll think about it. | 5 |
| 49 | Xīngqītiān nǐ dōu gàn shénme le?<br>星期天 你都 干 什么 了？ | What did you do last Sunday? | 5 |
| 50 | Jǐ gè péngyou lái wǒ jiā chī fàn le.<br>几个 朋友 来我家吃 饭了。 | Several friends came over for dinner. | 5 |
| 51 | Wǒmen yāoqiú měi gè rén dài yí gè cài.<br>我们 要求 每 个 人 带一个 菜。 | We asked each person to bring a dish. | 5 |
| 52 | Zhè zhēn shì gè hǎo bànfǎ!<br>这 真 是个 好 办法！ | That's a good idea! | 5 |
| 53 | Nǐ cāi wǒ zuò shénme le.<br>你猜 我 做 什么 了。 | Guess what I cooked. | 5 |
| 54 | Yídìng shì shālā.<br>一定 是 沙拉。 | It must be salad. | 5 |
| 55 | Nǐ zěnme hái bù qǐ//chuáng?<br>你 怎么 还 不 起床？ | Why don't you get up? | 6 |
| 56 | Wǒ yǒudiǎnr bù shūfu.<br>我 有点儿不 舒服。 | I feel a bit uncomfortable. | 6 |
| 57 | Zěnme le?<br>怎么 了？ | What's wrong? | 6 |
| 58 | Wǒ tóu hěn téng.<br>我 头 很 疼。 | I have a bad headache. | 6 |
| 59 | (Wǒ) juéde tèbié lěng.<br>（我） 觉得 特别 冷。 | (I) feel so cold. | 6 |
| 60 | Shì bu shì fā//shāo le? Liángliang tǐwēn ba.<br>是不是 发烧 了？ 量量 体温 吧。 | Do you have a fever? Take your temperature. | 6 |
| 61 | Háishi qù yīyuàn kànkan ba.<br>还是 去 医院 看看 吧。 | You'd better go to the hospital. | 6 |
| 62 | Nǎr bù shūfu?<br>哪儿不舒服？ | What's the matter? | 6 |
| 63 | Yì tiān sān cì, yí cì liǎng piàn.<br>一天 三次，一次 两 片。 | Three times a day and two pills each time. | 6 |

| | | | |
|---|---|---|---|
| 64 | Duō hē shuǐ, duō xiūxi, shǎo chī<br>多 喝 水，多 休息，少 吃<br>là de cài.<br>辣的 菜。 | Drink more water, take more rest, and eat less spicy food. | 6 |
| 65 | Wǒ bìng le, jīntiān bù néng qù<br>我 病 了，今天 不 能 去<br>shàng//kè le.<br>上课 了。 | I'm ill and cannot go to class today. | 6 |
| 66 | Nǐ bāng wǒ qǐng gè jià ba.<br>你 帮 我 请 个假吧。 | Help me to ask for leave. | 6 |
| 67 | Wèi, nǐ hǎo!<br>喂，你 好！ | Hello! | 7 |
| 68 | Nǐ zài gànmá ne?<br>你在 干吗 呢？ | What are you doing? | 7 |
| 69 | Wǒ zhèngzài pǎo//bù ne.<br>我 正在 跑步 呢。 | I'm jogging. | 7 |
| 70 | Wǒ hé Dàwèi dǎsuàn wǎnshang qù<br>我 和 大卫 打算 晚上 去<br>kàn qiú.<br>看 球。 | David and I plan to watch the ball game tonight. | 7 |
| 71 | Wǒ xiànzài zài wàibian chī fàn ne.<br>我 现在 在 外边 吃 饭 呢。 | I'm eating outside right now. | 7 |
| 72 | Hǎo, bújiàn-búsàn.<br>好，不见不散。 | OK, see you there! | 7 |
| 73 | Nǐ hái zài shuì//jiào ma?<br>你还 在 睡觉 吗？ | Are you still sleeping? | 7 |
| 74 | Dōu 11 diǎn le.<br>都 11 点 了。 | It's already 11 o'clock. | 7 |
| 75 | Zuótiān wǎnshang wǒ gěi nǐ dǎ diànhuà<br>昨天 晚上 我 给 你 打 电话<br>yìzhí méi rén jiē.<br>一直 没 人 接。 | I called you last night, but no one answered. | 7 |
| 76 | Nǐ gěi wǒ dǎ diànhuà de shíhou,<br>你 给 我 打 电话 的 时候，<br>wǒ zhèngzài kàn qiú ne.<br>我 正在 看 球 呢。 | I was watching the ball game when you called me. | 7 |

| | | | |
|---|---|---|---|
| 77 | Wǒ děi qù jīchǎng jiē péngyou.<br>我 得 去 机场 接 朋友。 | I have to go to the airport to pick up my friend. | 7 |
| 78 | Wǒmen xià cì zài yuē.<br>我们 下次 再 约。 | Maybe next time. | 7 |
| 79 | Jīntiān tiānqì zhēn rè!<br>今天 天气 真 热! | It is so hot today! | 8 |
| 80 | Nàr bǐ Běijīng liángkuai.<br>那儿 比 北京 凉快。 | It's cooler than Beijing. | 8 |
| 81 | Tīngshuō Mòsīkē de dōngtiān lěngjí le.<br>听说 莫斯科 的 冬天 冷极了。 | I've heard that winter in Moscow is very cold. | 8 |
| 82 | (Mòsīkē) bǐ Běijīng lěngduō le.<br>（莫斯科）比 北京 冷多 了。 | (Moscow) is much colder than Beijing. | 8 |
| 83 | Dàgài duōshao dù?<br>大概 多少 度? | What is the temperature? | 8 |
| 84 | Zuì dī qìwēn líng xià èrshí duō dù.<br>最 低 气温 零 下 二十 多 度。 | The lowest temperature is more than 20 degrees below zero. | 8 |
| 85 | Wǒ dōngtiān hái zài wàibian yóuguo<br>我 冬天 还 在 外边 游过<br>yǒng ne!<br>泳 呢! | I once swam outside in winter! | 8 |
| 86 | Nǐ kàn, yòu xià yǔ le.<br>你 看，又 下 雨 了。 | Look, it is raining again. | 8 |
| 87 | Jīnnián de yǔ bǐ qùnián duōduō le.<br>今年 的 雨 比 去年 多多 了。 | It rains much more this year than last year. | 8 |
| 88 | Nǐ kàn tiānqì yùbào le ma?<br>你 看 天气 预报 了 吗? | Have you watched the weather forecast? | 8 |
| 89 | Míngtiān tiānqì zěnmeyàng?<br>明天 天气 怎么样? | What will the weather be like tomorrow? | 8 |
| 90 | Tiānqì yùbào shuō, míngtiān de yǔ<br>天气 预报 说，明天 的 雨<br>bǐ jīntiān gèng dà.<br>比 今天 更 大。 | According to the weather forecast, the rain will be heavier tomorrow than today. | 8 |

# 词语索引 Index of words

## 词性对照表 Abbreviations of Parts of Speech

| 词性<br>Part of Speech | 拼音<br>Pinyin | 英文全称<br>English | 英文简称<br>Abbreviation |
|---|---|---|---|
| 名词 | míngcí | noun | n. |
| 动词 | dòngcí | verb | v. |
| 形容词 | xíngróngcí | adjective | adj. |
| 代词 | dàicí | pronoun | pron. |
| 数词 | shùcí | numeral | num. |
| 量词 | liàngcí | measure word | m. |
| 数量词 | shùliàngcí | quantifier | q. |
| 助动词 | zhùdòngcí | auxiliary verb | aux. |
| 副词 | fùcí | adverb | adv. |
| 介词 | jiècí | preposition | prep. |
| 连词 | liáncí | conjunction | conj. |
| 助词 | zhùcí | particle | part. |
| 叹词 | tàncí | interjection | int. |
| 拟声词 | nǐshēngcí | onomatopoeia | onom. |
| 前缀 | qiánzhuì | prefix | pref. |
| 后缀 | hòuzhuì | suffix | suf. |

## 课文词语 Words in the text

| Word | Pinyin | Part of speech | English | Lesson |
|---|---|---|---|---|
| A | | | | |
| 啊 | a | part. | ah | 3-1 |
| 爱好 | àihào | n. | hobby | 3-1 |
| B | | | | |
| 办法 | bànfǎ | n. | way, method | 5-2 |
| 帮 | bāng | v. | to help | 6-2 |
| 棒 | bàng | adj. | excellent, amazing | 5-1 |
| 包子 | bāozi | n. | steamed stuffed bun | 1-1 |
| 比 | bǐ | prep. | than | 8-1 |
| 比 | bǐ | v. | to compete | 8-2 |
| 比萨 | bǐsà | n. | pizza | 1-1 |
| 比赛 | bǐsài | n. | match, game | 8-2 |
| 别 | bié | adv. | do not | 2-1 |
| 病 | bìng | v. | to be ill | 6-2 |
| 不错 | búcuò | adj. | good, not bad | 3-2 |
| 不过 | búguò | conj. | but | 3-1 |
| 不见不散 | bújià-búsàn | | to not leave without seeing each other | 7-1 |
| 不好意思 | bù hǎoyìsi | | sorry | 7-2 |
| 不行 | bùxíng | v. | cannot, won't do | 7-2 |
| C | | | | |
| 猜 | cāi | v. | to guess | 5-2 |
| 菜 | cài | n. | food, dish | 4-2 |
| 层 | céng | m. | floor, level | 2-1 |
| 茶 | chá | n. | tea | 1-2 |
| 常常 | chángcháng | adv. | frequently | 8-2 |
| 唱 | chàng | v. | to sing | 3-1 |

| | | | | |
|---|---|---|---|---|
| 出发 | chūfā | v. | to set out | 7-1 |
| 除了 | chúle | prep. | except, besides | 3-2 |
| 次 | cì | m. | time, occasion | 5-1 |
| D | | | | |
| 打 | dǎ | v. | to play | 3-1 |
| 打 | dǎ | v. | to call | 7-2 |
| 打算 | dǎsuàn | v. | to plan | 7-1 |
| 大 | dà | adj. | big | 1-2 |
| 大概 | dàgài | adv. | roughly, approximately | 8-1 |
| 大夫 | dàifu | n. | doctor | 6-2 |
| 带 | dài | v. | to take, to bring | 5-2 |
| 担心 | dān//xīn | v. | to worry | 2-1 |
| 蛋糕 | dàngāo | n. | cake | 1-2 |
| 得 | de | part. | *structural particle* | 3-1 |
| 得 | děi | aux. | need | 7-2 |
| 低 | dī | adj. | low | 8-1 |
| 地方 | dìfang | n. | place | 4-1 |
| 点儿 | diǎnr | m. | a little | 1-2 |
| 电影 | diànyǐng | n. | movie | 3-1 |
| 订 | dìng | v. | to order | 4-2 |
| 冬天 | dōngtiān | n. | winter | 8-1 |
| 都 | dōu | adv. | all, both | 1-1 |
| 都 | dōu | adv. | already | 7-2 |
| 度 | dù | m. | degree | 6-1 |
| 对了 | duìle | v. | by the way | 2-2 |
| 多 | duō | num. | over, more than | 8-1 |
| F | | | | |
| 发烧 | fā//shāo | v. | to have a fever | 6-1 |
| 放心 | fàng//xīn | v. | to be at ease | 2-2 |

| | | | | |
|---|---|---|---|---|
| 非常 | fēicháng | adv. | very | 2-2 |
| 付 | fù | v. | to pay | 1-2 |
| | | G | | |
| 感冒 | gǎnmào | v./n. | to have a cold; cold | 6-2 |
| 干 | gàn | v. | to do | 5-2 |
| 干吗 | gànmá | pron. | to do what | 7-1 |
| 高 | gāo | adj. | tall | 2-2 |
| 高兴 | gāoxìng | adj. | happy | 2-1 |
| 歌 | gē | n. | song | 3-1 |
| 个子 | gèzi | n. | height | 2-2 |
| 给 | gěi | prep. | for, to | 7-2 |
| 跟 | gēn | prep. | with | 5-1 |
| 更 | gèng | adv. | more, -er | 8-2 |
| 功夫 | gōngfu | n. | kung fu | 3-2 |
| 狗 | gǒu | n. | dog | 2-1 |
| 光临 | guānglín | v. | to visit | 1-2 |
| 过 | guo | part. | *aspect particle* | 4-1 |
| | | H | | |
| 还可以 | hái kěyǐ | | well enough | 3-2 |
| 还是 | háishi | conj. | or | 1-1 |
| 喝 | hē | v. | to drink | 1-2 |
| 红茶 | hóngchá | n. | black tea | 1-2 |
| 滑雪 | huá//xuě | v. | to ski | 5-1 |
| 滑雪场 | huáxuěchǎng | n. | ski resort | 5-1 |
| 会 | huì | aux./v. | can; to be able to | 3-1 |
| | | J | | |
| 机场 | jīchǎng | n. | airport | 7-2 |
| ……极了 | ……jí le | | extremely | 8-1 |
| 几 | jǐ | num. | several | 5-2 |

| | | | | |
|---|---|---|---|---|
| 门口 | ménkǒu | n. | doorway | 7-1 |
| 面条儿 | miàntiáor | n. | noodles | 1-1 |
| | | N | | |
| 那 | nà | conj./pron. | then; that | 1-1 |
| 那儿 | nàr | pron. | there | 5-1 |
| 难 | nán | adj. | hard, difficult | 5-1 |
| 呢 | ne | part. | *modal particle* | 7-1 |
| 能 | néng | aux. | can | 6-2 |
| | | P | | |
| 怕 | pà | v. | to fear, to be afraid | 5-1 |
| 胖 | pàng | adj. | fat | 2-1 |
| 朋友 | péngyou | n. | friend | 5-2 |
| 便宜 | piányi | adj. | cheap | 1-2 |
| 片 | piàn | m. | piece, tablet | 6-2 |
| | | Q | | |
| 气温 | qìwēn | n. | temperature | 8-1 |
| 请 | qǐng | v. | please | 3-2 |
| 请假 | qǐng//jià | v. | to ask for leave | 6-2 |
| 球 | qiú | n. | ball | 7-1 |
| 去 | qù | v. | to go | 4-1 |
| | | R | | |
| 热 | rè | adj. | hot | 8-1 |
| 认识 | rènshi | v. | to know | 2-1 |
| | | S | | |
| 沙拉 | shālā | n. | salad | 5-2 |
| 上网 | shàng//wǎng | v. | to surf the Internet | 4-2 |
| 少 | shǎo | adj. | little, few | 6-2 |
| 身体 | shēntǐ | n. | body, health | 2-2 |

| | | | | |
|---|---|---|---|---|
| 味道 | wèidào | n. | flavor, taste | 4-2 |
| 喂 | wèi | int. | hello | 7-1 |
| X | | | | |
| 西餐厅 | xīcāntīng | n. | Western restaurant | 4-2 |
| 习惯 | xíguàn | v. | to be accustomed to | 8-1 |
| 喜欢 | xǐhuan | v. | to like | 2-1 |
| 下 | xià | v. | to fall | 8-2 |
| 夏天 | xiàtiān | n. | summer | 8-1 |
| 先 | xiān | adv. | first | 6-2 |
| 现金 | xiànjīn | n. | cash | 1-2 |
| 想 | xiǎng | aux. | to want to | 1-1 |
| 想 | xiǎng | v. | to think | 5-1 |
| 小 | xiǎo | adj. | small | 1-2 |
| 新 | xīn | adj. | new | 2-2 |
| 休息 | xiūxi | v. | to rest | 2-2 |
| Y | | | | |
| 眼睛 | yǎnjing | n. | eye | 2-1 |
| 验血 | yàn//xiě | v. | to test the blood | 6-2 |
| 要求 | yāoqiú | v. | to ask, to require | 5-2 |
| 药 | yào | n. | medicine | 6-2 |
| 一定 | yídìng | adv. | certainly | 5-2 |
| 以前 | yǐqián | n. | before, ago | 4-1 |
| 一直 | yìzhí | adv. | always, all the time | 7-2 |
| 有点儿 | yǒudiǎnr | adv. | a little, a bit | 6-1 |
| 有名 | yǒu//míng | adj. | famous | 4-2 |
| 又 | yòu | adv. | again | 8-2 |
| 雨 | yǔ | n. | rain | 8-2 |
| 语言 | yǔyán | n. | language | 3-2 |

| | | | | |
|---|---|---|---|---|
| 预报 | yùbào | n. | forecast | 8-2 |
| 约 | yuē | v. | to make an appointment | 7-2 |
| Z | | | | |
| 在 | zài | adv. | in the process of | 7-1 |
| 咱们 | zánmen | pron. | we, us | 1-1 |
| 怎么办 | zěnme bàn | | what to do | 8-2 |
| 怎么样 | zěnmeyàng | pron. | how | 1-1 |
| 照片 | zhàopiàn | n. | photo | 2-2 |
| 这些 | zhèxiē | pron. | these | 3-2 |
| 真 | zhēn | adv. | really | 1-2 |
| 正在 | zhèngzài | adv. | in the process of | 7-1 |
| 只 | zhǐ | adv. | only | 6-1 |
| 种 | zhǒng | m. | kind, type | 1-2 |
| 周 | zhōu | n. | week | 8-2 |
| 周末 | zhōumò | n. | weekend | 2-2 |
| 主意 | zhǔyi | n. | idea | 1-1 |
| 住 | zhù | v. | to live | 2-1 |
| 最 | zuì | adv. | most, -est | 8-1 |
| 最近 | zuìjìn | n. | recently | 1-1 |
| 坐 | zuò | v. | to sit | 3-2 |
| 做饭 | zuò fàn | | to cook | 5-2 |

# 专有名词 Proper nouns

| Word | Pinyin | English | Lesson |
|---|---|---|---|
| | | A | |
| 爱华 | Àihuá | Aihua, a person's name | 2 |
| | | D | |
| 大树 | Dàshù | Dashu, a person's name | 3 |
| | | F | |
| 法语 | Fǎyǔ | French (language) | 3 |
| | | G | |
| 广州 | Guǎngzhōu | Guangzhou (city) | 4 |
| | | H | |
| 杭州 | Hángzhōu | Hangzhou (city) | 4 |
| | | K | |
| 昆明 | Kūnmíng | Kunming (city) | 4 |
| | | L | |
| 李君 | Lǐ Jūn | Li Jun, a person's name | 4 |
| | | M | |
| 莫斯科 | Mòsīkē | Moscow | 8 |
| | | N | |
| 诺敏 | Nuòmǐn | Nuomin, a person's name | 3 |
| | | S | |
| 上海 | Shànghǎi | Shanghai (city) | 4 |
| | | X | |
| 西安 | Xī'ān | Xi'an (city) | 4 |
| 小美 | Xiǎoměi | Xiaomei, a person's name | 5 |
| | | Y | |
| 意大利语 | Yìdàlìyǔ | Italian (language) | 3 |
| 英语 | Yīngyǔ | English (language) | 3 |

## 词语扩展 Vocabulary development

| Word | Pinyin | English | Lesson |
|---|---|---|---|
| | | A | |
| 矮 | ǎi | short (in stature) | 2 |
| | | B | |
| 巴黎 | Bālí | Paris | 4 |
| 鼻子 | bízi | nose | 2 |
| | | C | |
| 炒饭 | chǎofàn | fried rice | 1 |
| 长 | cháng | long | 2 |
| 春天 | chūntiān | spring | 8 |
| | | D | |
| 打篮球 | dǎ lánqiú | to play basketball | 3 |
| 打乒乓球 | dǎ pīngpāngqiú | to play table tennis | 3 |
| 打扫房间 | dǎsǎo fángjiān | to clean the room | 5 |
| 打手机 | dǎ shǒujī | to make a call with a cell phone | 7 |
| 打羽毛球 | dǎ yǔmáoqiú | to play shuttlecock | 3 |
| 东京 | Dōngjīng | Tokyo | 4 |
| 肚子疼 | dùzi téng | to have a stomachache | 6 |
| 短 | duǎn | short | 2 |
| | | E | |
| 耳朵 | ěrduo | ear | 2 |
| | | F | |
| 发短信 | fā duǎnxìn | to send a text message | 7 |
| 发微信 | fā wēixìn | to send a WeChat message | 7 |
| 发邮件 | fā yóujiàn | to send an email | 7 |
| | | G | |
| 刮风 | guā fēng | windy | 8 |

| | | | |
|---|---|---|---|
| 逛街 | guàng jiē | to go shopping | 5 |
| 桂林 | Guìlín | Guilin | 4 |
| 过敏 | guòmǐn | to have an allergic reaction | 6 |
| | | H | |
| 汉堡 | hànbǎo | hamburger | 1 |
| 花茶 | huāchá | scented tea | 1 |
| 画画儿 | huà huàr | to draw a picture, to paint | 3 |
| 火锅 | huǒguō | hot pot | 1 |
| | | J | |
| 季节 | jìjié | season | 8 |
| 聚会 | jùhuì | to have a party | 5 |
| | | K | |
| 开车 | kāi//chē | to drive a car | 7 |
| 开会 | kāi//huì | to attend a meeting | 7 |
| 看电视 | kàn diànshì | to watch TV | 5 |
| 烤鸭 | kǎoyā | roast duck | 1 |
| 咳嗽 | késou | to cough | 6 |
| 苦 | kǔ | bitter | 4 |
| | | L | |
| 拉萨 | Lāsà | Lhasa | 4 |
| 脸 | liǎn | face | 2 |
| 绿茶 | lǜchá | green tea | 1 |
| 伦敦 | Lúndūn | London | 4 |
| | | M | |
| 曼谷 | Màngǔ | Bangkok | 4 |
| | | N | |
| 纽约 | Niǔyuē | New York | 4 |
| 暖和 | nuǎnhuo | warm | 8 |

| | | | |
|---|---|---|---|
| 洗衣服 | xǐ yīfu | to wash clothes | 5 |
| 洗澡 | xǐ//zǎo | to take a bath/shower | 7 |
| 下雪 | xià xuě | to snow | 8 |
| 咸 | xián | salty | 4 |
| 香港 | Xiānggǎng | Hong Kong | 4 |
| Y | | | |
| 牙疼 | yá téng | to have a toothache | 6 |
| 意大利面 | yìdàlìmiàn | pasta | 1 |
| 阴（天） | yīn (tiān) | overcast (day) | 8 |
| 游泳 | yóu//yǒng | to swim | 3 |
| Z | | | |
| 嘴 | zuǐ | mouth | 2 |

# 复习参考答案 Key to the reviews

## 复习 1 Review 1

一

1. × 2. × 3. √ 4. √ 5. × 6. ×

二

1. F 2. E 3. B 4. C 5. A 6. D

三

1. C 2. D 3. E 4. A 5. B
6. I 7. H 8. J 9. G 10. F

## 复习 2 Review 2

一

1. √ 2. × 3. √ 4. × 5. √ 6. √

二

1. F 2. A 3. E 4. B 5. C 6. D

三

1. C 2. E 3. B 4. A 5. D
6. J 7. F 8. G 9. H 10. I